# 活化庐陵

江西省吉安市非物质文化遗产图文大典

江西省吉安市文化广电新闻出版旅游局

江西省吉安市非物质文化遗产研究保护中心 编

文物出版社

图书在版编目（CIP）数据

活化庐陵：江西省吉安市非物质文化遗产图文大典 /
江西省吉安市文化广电新闻出版旅游局，江西省吉安市非
物质文化遗产研究保护中心编 . -- 北京：文物出版社，
2021.5

ISBN 978-7-5010-6574-5

Ⅰ . ①活… Ⅱ . ①江… ②江… Ⅲ . ①非物质文化遗
产－介绍－吉安 Ⅳ . ① G127.563

中国版本图书馆 CIP 数据核字 (2021) 第 065647 号

# 活化庐陵

**江西省吉安市非物质文化遗产图文大典**

编　　　者：江西省吉安市文化广电新闻出版旅游局
　　　　　　江西省吉安市非物质文化遗产研究保护中心

责任编辑：张晓曦

责任印制：张道奇

出版发行：文物出版社

社　　址：北京市东直门内北小街 2 号楼

邮　　编：100007

网　　址：www.wenwu.com

经　　销：新华书店

印　　刷：鑫艺佳利（天津）印刷有限公司

开　　本：635mm×965mm　1/16

印　　张：17

版　　次：2021 年 5 月第 1 版

印　　次：2021 年 5 月第 1 次印刷

书　　号：ISBN 978-7-5010-6574-5

定　　价：350.00 元

# 编辑委员会

# 吉安"非遗"与庐陵文化精神
## （代序）

吉安，古称庐陵。下辖 10 县、2 区、1 市。

2.5 万平方公里的庐陵大地，峰峦迭起连绵，江河纵横交错，历史文化绚丽多姿。早在 5000 多年前的新石器时期，吉安就有先民在这片肥沃的土地上披荆斩棘，生息繁衍。在这块文风鼎盛、底蕴深厚的土地上，现已公布的国家级非物质文化遗产名录项目 13 项、省级 81 项、市级 156 项。从种类上看，吉安市省级以上非遗名录项目涵盖了民间文学、传统舞蹈、传统技艺、民俗等所有门类。庐陵大地，"非遗"犹如缀满苍穹的星星，那么璀璨；宛若撒满大地的珍珠，那么闪耀。

多水多田的庐陵，自古以来就有"江南粮仓"之誉。母亲河赣江贯穿南北，遂川江、蜀水、禾水、乌江、孤江等支流汇聚赣江。丰沛的雨量，发达的水系，赐予了庐陵万顷粮田，千重稻浪。新干战国粮仓遗址的考古发现，印证了 2000 多年前的庐陵就是"吉田沃土""江南粮仓"；北宋时期泰和人曾安止著述《禾谱》，记述了宋代吉安已经有了很高的水稻栽种水平。庐陵先人面对无常诡异的自然界，祈望来年的丰收，几乎每家每户都有贴门神、灶神、土地神等习俗；敬祖畏神催生了如青原喊船、万安儿郎灯会、吉州钓源祭祖等风俗。随着时间的推移，这些习俗、风俗逐步固化，与宗教、地域文化融为一体，充满仪式感和神秘感。

"仓廪实而知礼节，衣食足而知荣辱"。庐陵先人在勤耕不辍的闲暇，注重教化。很多家庭会在厅堂设置"天地君亲师"牌位，把孔子作为供奉祭祀的对象，诗书传家、耕读为本的思想融入人们的血脉之中。这种浓厚的"耕读"氛围，使得庐陵成为崇文重教的"江南望郡"，成就了"三千进士贯华夏"的辉煌。"隔河两宰相""一门六进士""五里三状元""十里九布政""九子十知州""父子探花状元""叔侄榜眼探花"传颂至今，从这里先后走出过 17 名状元。这块充满诗意和灵性的土地，孕育了欧阳修、文天祥、杨万里、解缙等历史文化名人。他们的成长故事，经由先辈们口口相传，成为激励后人的鲜活教材。鳌鱼灯、虾蚣灯、吉水长龙等传统舞蹈，则借着庐陵先贤的荣光，表达了人们望子成龙、龙脉旺盛、福降万代的渴望。一方水土养育一方人。武功山、玉笥山、青原山，历数千年，经文人墨客演绎，留下了不少美丽、动人而神奇的传说。这些传说教化历代子孙，懂得耕读传家、忠孝慈爱、善恶报应的道理。

如果说"三千进士贯华夏"让庐陵名扬天下，那么庐陵先人敢于直斥权臣、宁死不屈的精神则让庐陵成为气满乾坤的"节义之邦"。波澜壮阔的古庐陵，有坚守气节的杨邦义，有"脖子最硬"的胡铨，有"君降臣不降"的文天祥，有刚正不阿的解缙，有"打不死"的邹元标。一代又一代的庐陵人总是以先贤为标杆，以忠义报国为本分，以屈膝投降为耻辱，抒写了一曲又一曲的正气之歌，鼓舞着庐陵后人舍生忘死，保家卫国。当遇到外侮时，泰和县华盖山村村民集结，抗击元军；永新县龙源口镇南塘村村民习武练拳，捍卫家园；井冈山东上一带村民们施展盾牌与刀枪棍棒，打退土匪……华盖双狮舞、盾牌舞、全堂狮灯由此流传下来。在保家卫国中，庐陵人形成了不屈不挠、团结御外的斗争精神，以及个人命运与国家命运联系在一起的家国情怀。随着历史的演进，这些传统武术演变成为集舞蹈、武术、杂耍及造型于一身，极具艺术观赏性的传统舞蹈和体育。

家国情怀浓厚的庐陵先人从来没有放弃对美好生活的追求。他们历来勤奋吃苦，充满智慧。倘若因穷辍学或学业不好，父母希望子女能够掌握一门吃饭的"手艺"行走江湖，木匠、铁匠、篾匠、锡匠、窑工、制茶工等手艺人随处可见。师傅收徒按照严格的程序，行三叩九拜之礼。庐陵先人对"手艺"和"手艺人"的重视，不仅缘于生存的需要，更缘于对祖传"技艺"的守护。他们生命不息，奋斗不止，对所学技艺总是精益求精，匠心独运，成就一代代"鬼斧神工"。泰和县庐陵传统建筑（鹊巢宫）营造技艺、吉州窑木叶纹黑釉瓷制作技艺、遂川狗牯脑茶的制作工艺、峡江米粉的制作工艺、青原新圩木活字印刷技艺等无不体现了庐陵工匠们的智慧和创造，其中吉州窑木叶天目、剪纸贴花技艺更是走遍天下，在世界各地均有藏品，令世人赞叹不已。"吉安老板一把伞，走到外省当老板"。庐陵先人没有安于现状，他们身怀绝技，放眼天下，总是处于奋进的状态之中，其绝技也得以走出吉安，走向世界，使得庐陵成为"艺"行天下的智慧之地。

悠悠庐陵，千载历史。庐陵先人们敬祖尚德，崇文重教，坚守气节，追求卓越，造就了一大批文化名人、英雄人物以及怀有绝技绝活的能工巧匠，形成了与众不同的风情民俗，加上赣江这一黄金水道贯穿"吴头楚尾"的吉安，使得庐陵大地格外受世人关注，终以"文章节义"而著称于世，汇集成了博大精深的庐陵文化，也成就了念兹在兹的非物质文化遗产宝库。

见人，见物，见生活。庐陵大地上的"非遗"宝库中，或许有些已经脱离其原来的文化语境，有些因时间间隔了其原有的使用场景，作为后人，我们唯有将其"活化"，将其重新赋予文化意义或者使用场景，才能重新融入现代生活，去不断续写庐陵文化的新华章。

编者

2021 年 4 月

# 江西省"非遗"资金资助项目

## 支持单位

（排名不分先后）

青原区非物质文化遗产保护中心

吉州区文化馆

新干县非物质文化遗产保护中心

峡江县非物质文化遗产保护中心

吉水县非物质文化遗产保护中心

永丰县非物质文化遗产保护中心

遂川县非物质文化遗产保护中心

万安县非物质文化遗产保护中心

永新县非物质文化遗产保护中心

安福县非物质文化遗产研究保护中心

泰和县非物质文化遗产保护中心

吉安县非物质文化遗产保护中心

井冈山市非物质文化遗产保护中心

# 目录

## 九　传统医药

## 十　民俗

民间文学

1

# 欧阳修故事

说起欧阳修，其传世之作《醉翁亭记》令世人耳熟能详，尤其是文中"醉翁之意不在酒，在乎山水之间也……人知从太守游而乐，而不知太守之乐其乐也。醉能同其乐，醒能述以文者，太守也"的名句，让人们世代相传，"太守谓谁？庐陵欧阳修也"。庐陵自此名动天下，为世人所知。

欧阳修（1007～1072年），字永叔，号醉翁，又号六一居士，江西省吉安市永丰县沙溪人。他出身寒微，幼年丧父。23岁中进士，官至枢密副使、参知政事，是北宋时期政治家、文学家、史学家，为唐宋八大家之一，开创了平易自然的一代文风，成为北宋诗文革新运动的领袖。

欧阳修一生在外地生活、工作，曾回故乡永丰两次，一次是4岁时随母移父

欧阳观灵柩返乡安葬；再一次是皇祐五年（1053 年），欧阳修 47 岁时，扶母亲郑氏灵柩回乡葬沙溪泷冈，在沙溪住了三个多月。期间，诸多的文人学士、亲朋好友纷至沓来，于是便有了"龙王借表"等旷世的传说故事。至今在江西省永丰县沙溪镇欧阳修故居西阳宫内，仍存有欧阳修亲自撰文手书的《泷冈阡表》，为其叙述家世、缅怀父母之作，与韩愈的《祭十二郎文》、袁枚的《祭妹文》同成为中国古代三大著名祭文之一。《泷冈阡表》及其碑刻在中国文学史、书法史上有着深远的影响。

在欧阳修少年时期寄居的地方今湖北随县，《随州志》中记载了欧阳修幼年时母亲用荻茎沙地教他习字、他向城南李家借到昌黎先生文集残本阅读、叔父称赞他诗赋文字有如成人等轶事。景祐四年（1037 年）底，欧阳修调任今湖北老河口市任职两年余。老河口市编的《汉水连天河》中，载有欧阳修爱护百姓、除暴安民的传说故事。千百年来，讲述欧阳修母教成才、文采风流、惩恶扬善、提携人才、革新文风等以史实为基本内容的传说故事，在家乡广泛流传。这些故事有的是家乡永丰民间口头流传，有的是依据历史记载，也有的在流传中加工改造更富有传奇色彩，具有鲜明的民间文学特征。

如传闻他文风严谨的故事也有不少，在写《醉翁亭记》，易数十字而改为"环滁皆山也"五字，一篇文章也演绎出了生动的故事；还有一次他替人写了一篇《相州锦堂记》，其中有"仕宦至将相，富贵归故乡"这样两句，交稿后，他又推敲了一下，觉得不妥，便派人骑快马将稿子追回，修改后再送上。来人接过改稿，草草一读，很是奇怪：这不还和原稿一模一样吗？仔细研读后才发现，全文只是将"仕宦至将相，富贵归故乡"改成了"仕宦而至将相，富贵而归故乡"，快马追回的只是两个"而"字，如此足见一字千金的深刻意义。

为纪念这位杰出的人物，欧阳修的家乡吉安市在《吉安地区名人传说》《吉安民间故事》中收录欧阳修故事10余篇，寄托着家乡人民对这位先贤的敬仰与缅怀之情。

2010年，"欧阳修故事"被公布为江西省第三批省级非物质文化遗产名录。

2

# 文天祥故事

"人生自古谁无死，留取丹心照汗青。"这一脍炙人口的名句就是摘自宋末政治家、文学家，爱国诗人，抗元名臣，与陆秀夫、张世杰并称为"宋末三杰"的庐陵人文天祥之名篇《过零丁洋》。

自古人生在世，谁没有一死呢？为国捐躯，死得其所，（让我）留下这颗赤诚之心光照青史吧！

文天祥（1236～1283年），字宋瑞，号文山，今吉安市青原区富田镇文家村人。文天祥少年、青年时期，曾在吉安城的书院求学，其在抗元斗争及兵败被俘押往元大都途中，都在吉安一带地区留下了不可磨灭的印记，并留下了许多故事在吉安民间或口头或文字一代一代流传下来。

如《拜天马山》，说的是文天祥被贬回乡后，欲拜倒天马山来阻断泛滥成灾的富水河。民间传说，只有中了状元，又是文曲星下凡的他，才能让土地神信服，让天马山坍塌。岂料在拜了七七四十九天后，眼看山要崩了，夫人却急忙来告诉他：元军又入侵了。心系百姓的他只好作罢，继续投身于抗元的战役中。故事虽带有传奇色彩，却表现了文天祥关心民间疾苦而又

壮志难酬的情怀。

　　在吉安民间，或在文天祥辗转经历过的地方，还有许多流传于民间，讲述文天祥发愤进取、为国尽忠、惩恶扬善、坚贞不屈等以史实为依据加以传奇演绎的故事，自南宋末年流传至今，从未间断，具有鲜明的民间文学特征和浓郁的地方色彩，也寄托着家乡人民对这位杰出先贤的敬仰与缅怀之情。

　　2010年，"文天祥故事"被公布为江西省第三批省级非物质文化遗产名录。

3

# 安福武功山传说

武功山，原名泸潇山，是江西境内第一高峰。流传于民间且内容丰富的武功山传说就来自这座大山，而关于武功山山名的传说，民间传闻更多的是：相传山上曾住着武姓夫妇，耕猎为生，武艺精湛，名扬远近，前来此山拜师学艺者络绎不绝，武姓夫妇也乐意传授教习。后来上山学艺者日益增多，夫妇两人决定开基立派，妻子便去了泰和境内的武冈山，后改名为"武姥山"。而泸潇山因武公在此得道，而称为武公山。

南朝陈武帝时，侯景在西昌（今泰和）叛乱。欧阳頠领兵勤王，于武公山下吉州、安福安营扎寨，不料被诡计多端的侯景包

围，情势危急。欧阳颀夜卧帐中，梦一老者与之细论兵法，教之于武公山各处陈兵。欧阳颀遂调整兵力部署，经官兵奋勇厮杀，终获全胜，平定侯景之乱。班师回朝，武帝欲封赏，欧阳颀把得武公托梦阴助平叛之事禀奏，陈武帝龙颜大悦，即派员上武公山祭祀，将武公山改为"武功山"，后人便将这一名字沿用至今。

武功山传说的内容十分丰富。这些传说既有神仙云游四方，惩恶扬善；也有僧道行善积德、普度众生。既有精怪作恶人间，终被惩罚；也有官吏欺诈百姓，不得善终。

既有书生发奋苦读，终成清官；也有百姓辛苦劳作，上苍眷顾。既有名逸潜心修炼，成仙得道；也有英雄除暴安良、匡扶正义等。另外还有彭德怀寅陂之战、三女跳崖、三江改编、夜袭洲湖、陈毅进山等革命故事。通过一系列的民间故事传说，把武功山的神奇秀美、儒释道文化、自然风物、人文景观、红色斗争史，表现得淋漓尽致。

武功山传说，自晋朝始就在民间流传。南朝安福人王孚在《安成记》中已有记载，

明代安福人张程编的《武功山志》详细记载了武功山的自然人文景观和传说的出处。这些传说，流传于吉安、萍乡、宜春和湖南茶陵、攸县等地，有着广泛的群众基础和民间传承性，是庐陵文化的重要组成部分。安福县先后整理出版了民间故事集《武功山风情》和《武功山传说》。

2010年，"安福武功山传说"被公布为江西省第三批省级非物质文化遗产名录。

4

# 泰和白凤仙子传说

泰和白凤仙子传说，流传于泰和乌鸡的发祥地——江西省泰和县马市镇武山西岩麓下的汪溪涂村，民间口口相传白凤仙子就是泰和乌鸡的化身。清乾隆年间，泰和进士姚颐的长诗《泰和鸡为旭庄主人赋》"名鸡来自家江南，虎鼻峰北岩穹嵯。传说仙人炼铅汞，丹泉流出山下潭。村鸡膈膊

戏潭侧，金膏玉液嘴且含。仙成种类甲天下，此语或合齐东参……"就已提到乌鸡的传说故事。1915 年，武山鸡参展巴拿马博览会，一举夺得金奖，被评为"世界观赏鸡"。1992 年的《泰和文史资料》、2000 年的《神鸟·武山凤》、2005 年的《世界珍禽——中国泰和乌鸡》等书刊，都对白凤仙子的

传说故事作了详细的记载。

泰和县武山位于吉泰盆地中南部，山势峻拔突兀，东南西北四岩均有泉水，且泉源丰富，尤其西岩泉源最多，富含金、铜、铁、硫酸钙等丰富矿物质的西岩泉流量大，春夏两季，泉声数里之遥可闻。西岩泉水汇成"汪溪"，以"溪水汪汪，不流不竭"而得名。世界珍禽——武山鸡（俗称白凤仙子）就栖息于此，传说只有饮用武山西岩泉水才能保证不变种，如移养它处，则往往发生变异，因而又有"不吃武山水，不算武山鸡"之说。

吉安民间还流传着这样一个故事，传说吕洞宾等"八仙"云游至武山，此时恰逢重阳佳节，只见武山处处丹桂飘香、金菊怒放，一派祥和景象，这一风物美景使众仙人深深陶醉，相约500年后重阳节再游武山。然500年后"八仙"故地重游，但见武山一带妖魔作怪，瘟疫流行，民不聊生。"八仙"择武山武叠峰北岩开坛炼丹，以济苍生。经过七七四十九天的修炼，丹药炼成，正待出炉，忽然天昏地暗，妖风大作，"八仙"一面合力与妖魔斗法，一面急向王母娘娘求援。王母娘娘速派身边的侍女——两位白凤仙子携瑶池琼浆玉液下凡护丹。其时"八仙"与妖魔苦斗正酣，难分高下。两位白凤仙子将琼浆玉液倒于炼丹炉中，"八仙"顿时功力大增，将妖魔降除。两位白凤仙子却被妖风卷入炼丹池，被烈焰淬炼，皮肉、内脏、骨头俱被烧得焦黑。丹药出炉后，"八仙"悬壶济世，普度众生，武山一带遂得太平。

白凤仙子涅槃后，化成了"丛冠、缨头、绿耳、胡须、丝毛、毛脚、五爪、乌皮、乌肉、乌骨"的白凤乌鸡。为防止妖魔再次在人间兴风作浪，白凤仙子此后便留在凡间，为百姓祛病驱邪，造福天下，人们将其誉为"神鸟"，后人干脆就将泰和乌鸡称为白凤仙子。

2010年，"泰和白凤仙子传说"被公布为江西省第三批省级非物质文化遗产名录。

5

# 欧母画荻教子故事

欧母画荻教子故事历史悠久，早在北宋中期开始就在民间广泛流传，后来《宋史》《欧阳修全集》《庐陵欧阳文忠公年谱》《欧阳文忠公年谱》《欧阳修年谱》《欧阳修纪年录》等古今史籍中，都有这则故事的记载。14世纪中叶，欧母画荻教子故事开始传入日本、朝鲜、俄罗斯等国家，19世纪后期传入英、法、德、美等西方国家。

北宋文坛宗师欧阳修的母亲郑氏，被誉为中国古代"四大贤母"之一，是一位被世代尊崇的伟大母亲，其"画荻教子"故事家喻户晓，传颂古今，影响了一代又一代的中华儿女，激励了一批又一批的后学晚辈，堪称古今中外母教文化的典范。

欧阳修4岁时，父亲在泰州判官任上不幸去世。由于父亲一生为官清廉，喜欢

交结朋友，乐于接济穷人，死后家里没有留下任何财物。转眼间，欧阳修到了上学的年龄，母亲郑氏因没钱送儿子读书心里非常着急。有一天，衣着单薄的她在河边洗衣服，寒冷的霜风吹得她浑身发抖，也将沙滩上的芦苇吹得东零西落，被折断的芦苇秆把一片平整的沙地划得沟沟壑壑，

似字非字，欧母郑氏看到后顾不得凛冽的寒风，取下衣苑从河滩上包起一兜细沙，折来几根芦苇秆带回家，把细沙装进一个大盘里抹平，就用沙盘当纸，用芦秆代笔，手把手地开始教儿子写字习文。幼小的欧阳修就这样在沙盘上跟着母亲一笔一画地学，反反复复地练，每字每句都要一丝不

苟地读熟写好才肯罢休。

　　光阴荏苒，岁月如梭。慢慢地，欧阳修已经长大了，郑氏除教育儿子写字习文之外，还常常用他父亲为官处世的道理来教育他。在母亲的谆谆教导、辛勤培育下，加上自己天资聪颖、刻苦努力，欧阳修最终成为北宋时期著名文学家、史学家，并成功地领导了北宋诗文革新运动，被公认为北宋文坛领袖、一代文章宗师而传颂千秋。

　　2010 年，"欧母画荻教子故事"被公布为江西省第三批省级非物质文化遗产名录。

6

# 陶母教子故事

　　陶母教子故事，从魏晋开始流传至今，在新干一带更是妇孺皆知。尤其是"教子惜阴、截发筵宾、送子'三土'、封坛退鱼"等陶母教子的故事，丰富的内容、形象生动的细节，更是展示了古代贤母湛氏善良敦厚、正直无私的高尚品德。

　　陶母湛氏，是东晋名将陶侃的母亲，以教子有方、宽厚待人著称于世，与孟子的母亲、欧阳修的母亲、岳飞的母亲并称为中国古代"四大贤母"。湛氏出生于三国时期吴国的新淦县市南村（今新干县金川镇），家境贫寒，早年丧父，从小跟母

亲学习纺纱织布。16岁那年，被吴国扬武将军陶丹纳为妾，生下陶侃。几年后陶丹病逝，由于时局混乱，家道中落，湛氏只好携陶侃回到新干娘家，以纺织谋生，供陶侃读书。童年时的陶侃贪玩，读书不用功，湛氏用织布梭子启发陶侃，使其明白"光阴似箭，日月如梭"的道理，陶侃从此非常珍惜时间，发奋苦读，终于成才。

话说一个大雪纷飞的冬天，陶侃的朋友范逵等人来访。陶侃因家贫，没有什么招待朋友，心中焦虑。母亲看在眼里，安慰他说，你只管留客吧，我会设法招待好你的朋友。她悄悄剪下头上的长发换成酒菜。又卷起铺床的干草切细，喂范逵的马。范逵事后感叹："非此母不生此子！"

后来，陶侃经人引荐去外地做官，临走时，湛氏拿出一个包袱给陶侃让他带上。陶侃到任后打开包袱一看，见里面包着一坯土块、一只土碗和一块白色土布（俗称"河布"），陶侃领悟了母亲的良苦用心，后来他在仕途上不负母亲所望，做到正直为人，清白为官，世代赞誉。

陶侃在寻阳做监察鱼梁官吏时，派人送一陶罐腌鱼给母亲。母亲把原罐封好交给送来的人退还，同时附了一封信责备陶侃，说"你做小官，拿公家的东西来送给我，不但对我毫无裨益，反而增加我的忧虑。"这便是"封坛退鱼"的故事。

近年来，新干县宣传文化部门编写了《陶母传奇》、创作演出了《陶母截发》，四集连续故事《陶母传奇》在吉安电视台《庐陵时闻》中播讲，深受人们的喜爱。

2010年，"陶母教子故事"被公布为江西省第三批省级非物质文化遗产名录。

7

# 杨万里故事

杨万里故事最早起源于宋朝。杨万里同乡，著名学者罗大经在他的笔记小品集《鹤林玉露》中，详细地记录了《父教子，家风正》《"羊""无肠"》《一字之师》等几十个在民间广泛流传的杨万里传说故事。

杨万里（1124～1206年），字廷秀，号诚斋，谥文节，今吉水县黄桥乡湴塘村人，南宋著名诗人。他生活在民族存亡危机四伏的南宋中期，中进士后，在地方和朝廷任官30多年，清正廉洁、爱国爱民，一直坚持抗击侵占北方领土的金国，时刻不忘洗雪国耻，积极为抗金事业出谋献策，其政论《千虑策》，直率地批评朝廷的腐败无能，并提出兴国方针策略。可是，现实

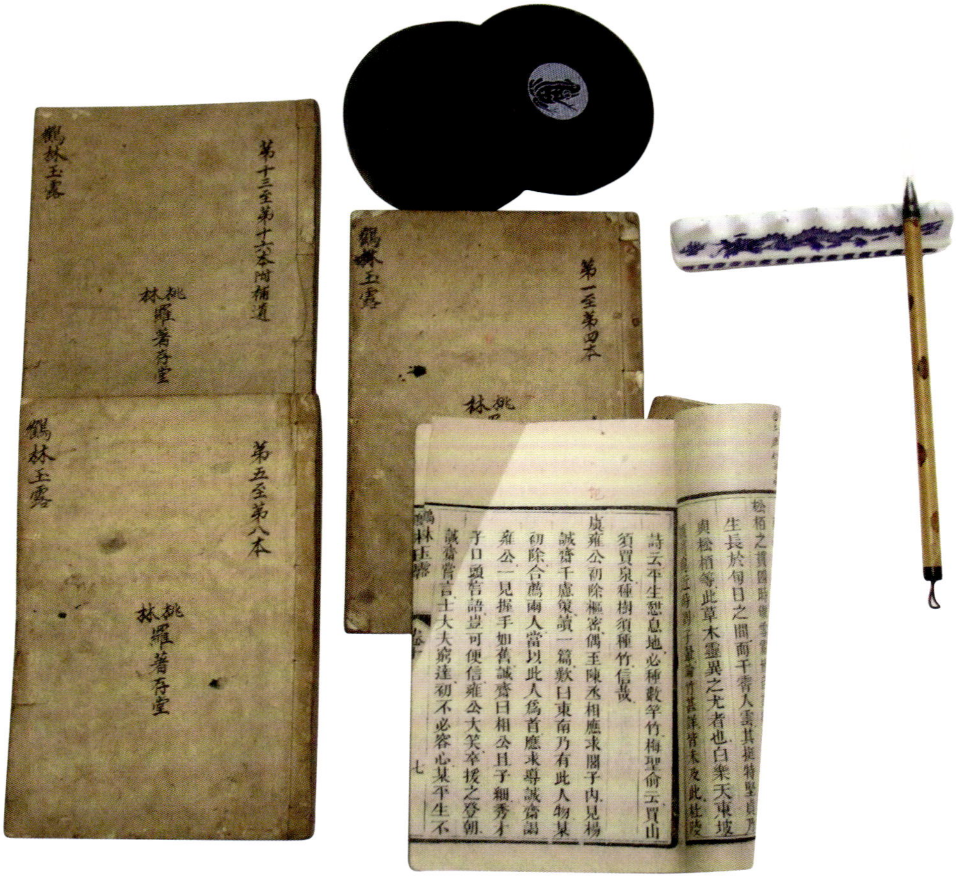

总使他失望。因反对权奸盘剥百姓，受到陷害，致仕回家后隐居 15 年不出，一心研学作诗，于诗歌中，寄寓对自然美景的赞美，对劳苦百姓的同情，对祖国分裂的忧虑，对幸福未来的追求。他一生写了两万多首诗，大部分都失散了，只留下 4000 多首，是我国文学史上多产的诗人之一。在诗歌创作中，他不甘步人后尘，独创“诚斋体”，诗风清新自然，对中国诗歌发展史产生了重大的影响，被誉为转变诗风的“诗坛霸主”。他的诗歌如“小荷才露尖尖角，早有蜻蜓立上头”“接天莲叶无穷碧，映日荷花别样红”等，传诵至今，深受人们喜爱。

近些年来，经文化部门坚持不懈的努力，搜集到更多杨万里在故乡吉水所发生的故事，如《湴田陷马定居》《天马出世》《审花瓶》《孩子与诗》《焚衣》《家乡肉》《咏诗建桥》《赤膊喂蚊》《拒不作“记”》等 70 多篇。2008 年和 2018 年，吉水县先后举办了杨万里诞辰 880 周年、890 周年系列文化活动，影响广泛。

2010 年，“杨万里故事”被公布为江西省第三批省级非物质文化遗产名录。

8

# 解缙故事

解缙故事在解缙生活的明代就广泛流传，出现了解缙故事专集《汇校正解学士诗选》，书中记载了"对竹"等故事。清乾隆年间长沙钱德苍编的《解人颐》一书中，也有解缙故事的记载，在历代民间故事集《玉茗花》《对联欣赏》《白鹤峰》等，都有刊载。他主持编撰的《永乐大典》，是中国古代最大的百科全书，是中华民族珍贵的文化遗产。

解缙（1369～1415年），吉水县城东门解家人，明洪武二十一年（1388年）进士，官至翰林学士，著名的大明才子。解缙不仅学识渊博，才华横溢，而且为人耿直、刚正不阿、不畏权贵，屡次上疏，针砭弊政。《山海经》《历代文人故事》《解缙及其传说》《解学士传奇》《奇才解缙》《皇儿解缙》《解缙传奇》等书刊都有故事编辑出版。这些故事现实性较强，民间语言丰富，脍炙人口，寓教于乐，流传广泛。大多数结构简单紧凑，但又生动有趣，情节设置具有强烈的戏剧性，语言辛辣幽默，常常把恶势力、丑恶现象作为讽刺的对象，凸现出解缙滑稽而又犀利的个性，且还赋予其神话色彩。如称解缙为仙鹿下凡，而又及时回到天庭，就是一例，想象丰富，情节奇妙，强烈地表达出创作者的良好愿望。

近年来，又搜集到了许多流传在吉水乃至全国的解缙故事，其中有《白鹿下凡》《"个"字》《辩卷中举》《凉州词》《智取臭虫》《解缙作客》《解哑谜》《高粱为什么不抽穗》等 100 多篇。

2010 年，"解缙故事"被公布为江西省第三批省级非物质文化遗产名录。
2014 年，"解缙故事"被公布为第四批国家级非物质文化遗产名录。

9

# 永新石灰脑传说

在刘沆的老家，家乡人用石膏为其重塑一个脑袋，以代替金头安葬，同时在安葬他的地方筑了三座大坟，以防被奸臣破坏或被盗。这一故事广为传颂，流传至今。

刘沆，永新县埠前镇三门前村人。北宋政治家。天圣八年（1030年），中进士第二名，成为吉安历史上第一个榜眼。至和元年（1054年）八月进拜同中书门下平章事（宰相），集贤殿大学士。他为人刚正，为官清廉，为民做主，深得民心，做了很多值得称道的事情，其中最显著的是抑强、排难、救弊、正时、荐贤、兴修水利等。

传说刘沆任宰相后，大力推行改革，遭到了御史中丞张鹗的极力反对，并纠集众多官宦在宋仁宗面前百般挑拨，诬陷刘沆有谋反野心。宋仁宗听信了奸臣们的谗言，将刘沆杀害，奸臣又掳去了刘沆的头颅，

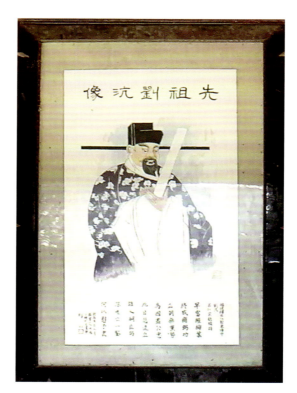

使其死无全尸。刘沆死后无头，使仁宗大为震惊，意识到自己错杀了忠臣，痛惜之余，写下了"恩贤碑"一文，并下旨用纯金做了一个刘沆的头颅。刘沆遗体运回故里安葬时，乡人因害怕金头被奸臣破坏或被盗，故用石膏重塑了一个"石灰脑"，以代替金头。自此，"石灰脑"的传说在永新及其周边的宁冈、井冈山、安福、吉安以及湖南茶陵、攸县、浏阳等地广泛流传。

后人为缅怀刘沆，永新四乡家家户户在刘沆被害这天，还会悬挂他的头像，膜拜祭祀。还有一些地方逢端午、中秋、春节等传统节日时祭祀更为隆重，甚至每天早饭时都要在刘沆像前烧香敬斋；小孩启蒙上学前，一定要向刘沆头像三叩三拜等等。这种民间自发的祭祀活动，在永新已形成一种习俗，延传至今。

2010年，"永新石灰脑传说"被公布为江西省第三批省级非物质文化遗产名录。

10

# 吉安白鹭洲传说

白鹭洲的传说产生于何时，无从考究，地方志上也未见记载。其起源传承于街头的口头讲述，近代有人记录整理，版本略有不同，但中心内容都是"白鹭仙子潜入江底，驮起绿洲，不让水淹"。流传范围主要是吉州区、吉安县及邻近的其他一些县、区。

白鹭洲位于历史文化名城吉州东北赣

江中心，前人借唐代诗人李白《登金陵凤凰台》中"三山半落青天外，二水中分白鹭洲"的诗句命名，是吉州名胜之一。

白鹭洲地势低而平，整体呈扁平状，贴江面而卧，似乎比江面没高出多少。相反，洲西隔赣江内河而坐落的吉安城，却江岸高耸陡峭。但奇怪的是，每当洪水泛滥，哪怕江岸高耸陡峭的吉安城被洪水淹入时，

白鹭洲却还依然屹立于江心。这与白鹭洲的地理高度十分不符，于是就流传起一个白鹭仙子钻进江底，以背驮起该洲并随江水而上下起伏永不沉没的动人故事来。

2013年，"吉安白鹭洲传说"被公布为江西省第四批省级非物质文化遗产名录。

11

# 峡江玉笥山传说

　　玉笥山的传说，是千百年来流传于峡江县玉笥山地区的神奇民间故事。主要介绍玉笥山的得名、由来、风物、习俗等，通过道佛高士、神仙圣人、官宦书生、名人隐逸、庶士百姓等传奇故事，赋予玉笥山洞穴岩石、流泉宫坛、草木茶圃以生命和灵性，使万古造化的道教名山更加丰富丰满、神秘神圣、鲜明鲜活起来。

　　玉笥山原名群玉山，位于峡江县城西南约两公里处，最高峰为送仙峰，延绵于

水边镇、金坪民族乡、福民乡、巴邱镇等四个乡镇。为中国道教发祥地之一。既是中国道教第三十六洞天的第十七洞天——大秀法乐洞天，又是七十二福地中第八福地——郁木福地。

道教传入玉笥山时间很早，使其名气大振的归功于汉武帝刘彻。相传元封五年（公元前106年），汉武帝率文武近臣抵达群玉山（玉笥山），接受西王母"上清符箓图"，焚香礼拜时，有一白玉笥降落在附近峰顶，武帝忙令人取来，当侍卫伸手要取时，忽然雷电交加、狂风大作，那白玉笥闪烁耀眼的白光，倏然不见。一旁的东方朔赶紧恭贺："圣上有德，天降神瑞，玉有君子之德，笥乃可盛万物之器，恭喜陛下一统天下，帝业永祚！"武帝听后大喜，遂将群玉山改名为玉笥山。

玉笥山最盛时有一池、一阁、二宫、二祠、二桥、三园、三庵、六宅、九亭、十二台、二十一观、三十六坛、三十二峰，有五百道士在此修行，唐、宋、明时期香火最旺。集天地山川、人文荟萃于一身，每个景观都有动人传说，这些传说有神仙惩恶扬善；有僧道行善积德、普度众生；有贪官恶霸欺压百姓被惩罚；有文人落难隐世、有举人金榜许愿、有文人墨客赋文

题诗；有平民百姓渔、樵、耕、读；有道士修炼飞升、点石成峰，有隐士捣药炼丹为民治病、驱除瘟疫等，并赋予中国传统文化儒、释、道的道德理想、处世价值、人格魅力，让广大百姓受到善美的心灵洗礼，懂得和善传家，忠孝慈爱，善恶报应的道理。

2013 年，"峡江玉笥山传说"被公布为江西省第四批省级非物质文化遗产名录。

## 12
# 青原山传说

青原山地处江西省吉安市青原区，1300多年以来，随着青原山佛教禅宗的弘扬和"致良知"心学的传播，青原山成了历史文化名山。青原山及周边地区，刘行思、王阳明及当地一些文化名人在民间逐步形成一个个动人的传说故事，或群众口传，或文字记录，流传到今天，成就了包含禅宗文化、理学文化、名人文化、山水文化等多种内容的传说故事，如《青原山传说》《七祖倒插荆》《六祖收徒》《行思为什么没有袈裟》《庐陵米价》等，成为庐陵文化的重要组成部分。

自唐朝神龙元年（705年）始，青原山肇建了安稳寺。唐开元二年（714年），广东南华寺禅宗六祖慧能的得意弟子行思回青原山净居寺开辟道场，广收信徒，宣扬明心见性、顿悟成佛的南宗禅法。创立了南禅青原派系，影响深远。明朝中期，王守仁任庐陵县令，经常在青原山净居寺向门徒传播"致良知"心学，很受欢迎。此后，江右王门吉安籍三代弟子，先后在青原山开青原讲会，建阳明书院，使青原山成了阳明心学的研习传播中心，延续了100多年的历史，誉为"东南邹鲁、西江杏坛"。这期间，有了《开门便是关门人》《山中花树》等故事传说。

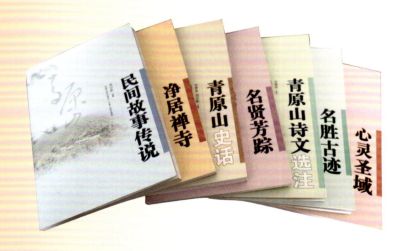

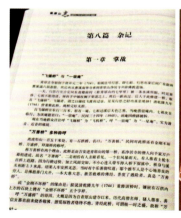

　　历代名宦儒士瞻仰游览青原山的自然、人文景观，留下大量墨宝、诗文，形成了《文天祥青原留墨宝》《天在山中》《天牛山上两状元》《试剑石》《玉皇庙》《出木井》《飞来塔》《五笑亭》等故事传说，不仅给人们艺术享受、智慧启迪，也弘扬了祖庭禅风、心学之光。青原山的仁山智水，被誉为"山川第一江西景"。

　　2017 年，"青原山传说"被公布为江西省第五批省级非物质文化遗产名录。

传统音乐

二

# 井冈客家山歌

井冈客家山歌是井冈山一带的客家人用客家方言演唱的一种民歌，既有号子、山歌，也有小调、儿歌，种类繁多，内容丰富，从各个不同角度，反映了井冈山客家人的历史文化和风情习俗，表达了客家人的思想感情和艺术趣味，富有客家语言特色，乡土气息浓郁。

明末清初时，客家人从广东、福建

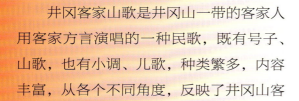

井冈山客家山歌（一）

1= G  2/4

井冈山

井冈山客家山歌（二）

1= D  2/4

井冈山

迁入井冈山，占全市总人口的 60% 以上，绝大多数以农耕为生，为抒发内心情感，表现喜怒哀乐之情，他们用山歌相互唱酬，久而久之，形成了别具风格的井冈客家山歌。

按照歌词字句和曲体形式的不同，井冈客家山歌有号子山歌：亦称山歌号子，多采用"哟嗬哈"等衬词，只有一个长乐句，在高音区相邻两三个音之间进行，散板，节奏自由，声音高亢；正板山歌，也叫四句板山歌，由 4 个乐句组成，结构工整对称，是客家山歌中流传最普遍的一种曲式；四句八节山歌，歌词 4 句，八节是指 8 个乐句，是把一句歌词分作两个乐句来唱，词中夹以较多的衬词；五句板山歌，歌词为 7 字 5 句，曲调是正板山歌的扩充；

快板山歌，也叫急板山歌，歌词无衬词，曲调无拖腔，它是用正板山歌的曲调，把节奏紧缩，将速度加快来演唱；叠板山歌，亦称叠字山歌，歌词中插上较多的叠字叠句，有时多达数 10 字，其曲调的开头与结尾，基本上保留正板山歌的特点，中间则由于采用叠字叠句而扩充了曲调，演唱时近似数板。

井冈山革命时期，苏区军民利用井冈山歌调子，创作了大量气势磅礴、激荡人心的红色歌谣，堪称中国现代音乐史上的奇迹，为宣传教育群众、鼓舞军民斗志、

揭露打击敌人，发挥了重要的作用。

　　新中国成立后，井冈山市不断挖掘、整理客家山歌，陆续编选了《红色歌曲》《客家山歌》，录制、发行了《井冈山革命民歌》《风光民歌精选》等宣传资料。2007 年，井冈山市组建了"客家山歌演唱团"，相继培养了 300 余人的客家山歌队伍，他们遍布在市内各景点、行业，弘扬传唱。

　　2010 年，"井冈客家山歌"被公布为江西省第三批省级非物质文化遗产名录。

2

# 遂川九腔十番

遂川九腔、十番于 1993 年收录在《中国民族民间器乐曲集成·江西卷·吉安分卷·遂川资料卷》。

九腔、十番是遂川县极富地方特色的一种吹打联奏乐曲牌，她产生在乡村、成长于民间，和广大群众的生产、生活以及民风、民情、民俗等有着千丝万缕的密切关系，在整个吉安地区都极负盛名，也是遂川县非物质文化遗产民间器乐曲类别中的重点保护项目。

## 遂川九腔十番

### 新水令

1=#F 2/4

遂川

$3\underline{23}$ $5\underline{3}$ | $\underline{2\cdot3}$ $\underline{13}$ | $\underline{21}$ $\underline{6}$ | $0$ $\underline{35}$ | $\underline{\dot{1}\dot{2}}$ $\underline{65}$ | $\underline{\dot{1}}$ $\underline{35}$ |

$6$ $\underline{32}$ | $\underline{3\cdot6}$ $\underline{53}$ | $\underline{23}$ $\underline{13}$ | $\underline{21}$ $\underline{6}$ | $0$ $\underline{32}$ | $\underline{13}$ $2$ |

$0$ $\underline{35}$ | $6$ $\underline{32}$ | $\underline{13}$ $2$ | $\overset{\frown}{2}$ $\underline{53}$ | $\underline{25}$ $\underline{32}$ | $\underline{1\cdot3}$ $\underline{21}$ |

$\underline{2}$ $5$ $\underline{7\dot{2}}$ | $6$ — |

　　"九腔"共有九个曲牌组成；"十番"共有十多首曲牌连奏。"十番"中的一些曲牌是由采茶戏曲调和民歌演变而成，因而又称"杂牌子"。"九腔"演奏严谨，按曲牌顺序演奏，旋律流畅欢快，演奏效果强劲有力；"十番"旋律较欢快、圆滑、婉转。遂川素有在春节期间玩龙灯、马灯、花灯等民间灯彩的习俗，便会演奏九腔、十番。同时是当地群众在喜庆的日子里，为渲染热烈、欢乐、喜悦的气氛常用的乐曲，展示了人民勤劳、朴实、睿智、豁达、乐观向上的民族特性以及富有开拓、创新、继承、发展的民族精神和热爱生活，追求幸福的美好愿望，促进了社会的和谐发展。

　　2013年，"遂川九腔十番"被公布为江西省第四批省级非物质文化遗产名录。

3

# 永新子和调

永新子和调起源于"永新山歌",是广大乡民即兴表达的一种口头文艺。它源于生活最底层,乡民们在野外劳作时,在村巷歇息时,都会即兴编唱出抒发内心情感,心愿的歌谣随口哼唱。人们觉得好听就一传十,十传百地广为流传开来。这其中有轻松、诙谐的山歌对唱,有挖苦、嘲笑、打诨的集体对唱或单个哼唱,有表达爱情的单唱和对唱,有表达不平的讽喇漫骂的独唱和婚娶的哭啼,赞调……这些歌如诉

永 新 子 和 调

撩开桐叶看桐花

1 = D  2/4  3/4  优美 抒情

永新

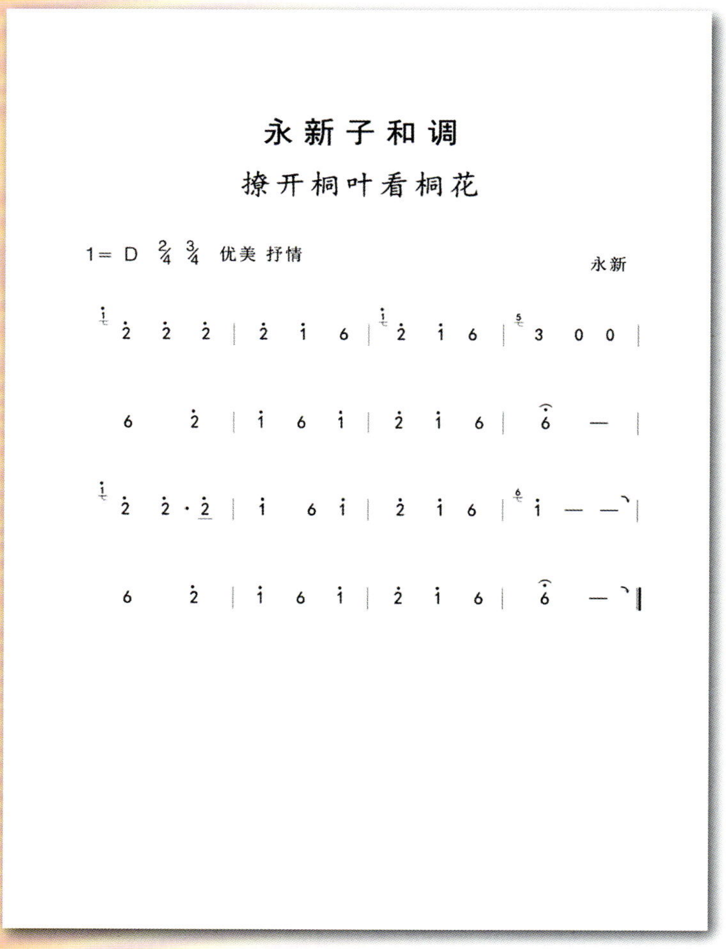

如泣，感人心脾。

根据《永新县志》记载，永新山歌距今已有 2000 多年历史。由于永新山歌产生于民间，日积月累，山歌的名目也就十分繁多。

到了唐代，极负盛名的女歌唱家许和子就来自永新。唐昭宗乾宁年间段安节著的《乐府杂录》一书，五代王仁裕所著的《开元天宝遗事》都有记载，称"宫妃永新者善歌，最受明皇宠爱，每对御奏歌，则丝竹之声莫能遏，率常谓左右曰：'此女歌值千金'。"许和子的父亲精通各种乐器，在她七八岁时，其父发现她有音乐天赋，便对她精心培养。到了十七八岁时，她不仅嗓门甜润，而且还能在父亲教诲的基础上大加发挥，经她唱出的山歌小调独具一格，别有一番韵味，很快就成为宫廷中一名优秀的歌手。

据说一天唐玄宗在勤政楼举行庆典宴会，命上演歌舞百戏助兴。当时来看演出的，除皇亲国戚和文武百官外，还有无数的平民百姓，嘈杂的声音，使皇帝、皇妃和大臣都听不清歌舞、百戏的音乐，玄宗很不高兴，想罢宴离去，这时中宫高力士连忙上前奏请玄宗宣旨召许和子出楼演唱，可使会场秩序好转，谁料许和子一出场，众人果真被她悠扬婉转的歌声吸引住了，顿时会场寂静"若无一人"。歌毕，全场欢声雷动，从此，"永新善歌"之名，愈益著称于朝野，传遍于九州四海。

"安史之乱"爆发后，两京（洛阳、长安）陷落，六宫星散。许和子和一位文人结合为夫妻，流寓广陵（今江苏扬州）一带。可是好景不长，不久后与她同患难的丈夫死去，她的生活也就更加艰难，但她依旧用歌来给苦难中的人民以慰藉，最终在一次与当地官府抗争中，因不为强暴而跳西湖自尽。永新人知道这消息后，把许和子所教给他们的山歌统统改为"子和调"，并一代一代在广大民间传承下来。

2013 年，"永新子和调"被公布为江西省第四批省级非物质文化遗产名录。

4

# 万安赣江十八滩号子

赣江十八滩船夫号子多用客家方言喊唱，民族特色浓厚，歌词简短，言简意赅，旋律以五声音阶组成，有宫、商、角、徵四种调式，不同号子表达不同感情，或高亢，或坚强，或明快，或悠扬。1984 年收集在《中国民间歌曲集成·江西卷·吉安地区分卷》。

千里赣江十八滩最险峻、最著名的惶恐滩属万安境内。南来北往的舟船到了万安县城都得停住，请当地滩师领航，请当

地船夫拉纤，并祭祀河神，之后方启航通过"赣江十八滩"。千百年来，船夫长年累月行走在十八滩头，吼出一串惊天地、泣鬼魂、千年不绝的江西著名"赣江十八滩船夫号子"。

赣江十八滩船夫号子包括一套仪式、一组号子、一种精神三部分：

一套仪式：以惶恐滩为首的赣江十八滩自古以来就是水路交通的咽喉要地。船夫们为了拉纤过滩都有一整套完整的仪式，包括祭神、起锚、撑篙、扯蓬、拉纤、掮船、摇橹、靠岸、下锚等。

一组号子：这组号子有10多首，其喊唱形式都是先由一人领唱，尔后众人和之。它包括：起锚号子、撑篙号子、拉纤号子、招风号子、扯蓬号子、掮船号子、过沙滩号子、过石头号子、摇橹号子、靠岸拉缆号子、靠岸下锚号子等。

一种精神：历史上的赣江十八滩与黄河三门峡、长江三峡齐名，并称中国三大险滩。"赣江十八滩，滩滩鬼门关，十船经过九船翻，一船虽过吓破胆"。道尽赣江十八滩的险恶。但船夫们面对如此险境却毫不畏惧，他们避漩涡，绕礁石，战恶浪，齐心协力，展现了船夫不畏艰险、团结奋进、勇往直前的顽强精神。

　　船夫们高声吼唱号子歌，提高士气，增强信心，树立了一种不畏艰险、一往无前的正气，他们通过这种有节奏地喊唱，凝聚力量，合到拍来，劲往一处使，凝结成一股战无不胜的强大动力。同时，船夫们通过喊唱不同的号子歌，抒发了感情，愉悦了身心，释放了一种战胜困难的情怀。

　　2013年，"万安赣江十八滩号子"被公布为江西省第四批省级非物质文化遗产名录。

5

# 江西畲族山歌

江西畲族山歌是聚集在永丰龙冈的畲族在生产、生活中创作的口头文学，是畲族传统文化的重要部分。

江西畲族山歌形式多样，内容丰富，大多演唱于各种劳动场合。如：摘木子山歌、茶山歌、砍柴山歌、莳禾山歌、耘禾山歌、割禾山歌等。演唱形式有独唱、对唱、合唱，有时还有帮唱、和唱。其音调

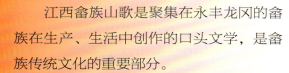

高亢嘹亮，音韵宽广，节奏自由而富于变化，旋律跳动较大，歌词来自人民生活中的口头语言，淳朴自然，通俗易懂，便于口头传唱。

畲乡人通用汉文，由于他们祖辈劳动、生活在山区，他们只有语言没有文字，口头文学就是畲族山歌重要组成部分，常借用畲语章法手抄歌本，通过祖辈言传身教传承下来，因而山歌是他们最喜爱的一种文化娱乐项目。

　　旧社会畲民没有受文化教育的机会，把学唱歌作为一种重要文化生活，常以歌代言，沟通感情；以歌记事，扬善惩恶；以歌传知，斗勇斗智；形成上山劳动、接待来客、婚丧喜事都唱山歌的习俗，每个时代都有代表性的歌曲。歌种分有叙事歌、风俗歌、劳动歌、情歌、生活歌、杂歌等，有独唱、对唱和齐唱，很少伴随动作和音乐。

　　2013年，"江西畲族山歌"被公布为江西省第四批省级非物质文化遗产名录。

# 6 遂川龙灯曲牌

遂川龙灯曲牌是珠田乡珠溪村邹氏在明孝宗弘治年间从南康县迁徙本县后发展起来的，至今已有 500 余年历史。

遂川龙灯曲牌分南北两派，南派来源于赣南，具有较浓的赣南风味，主要流传于遂川县的泉江、于田、珠田等东南部乡镇；北派起源于吉安，具有较浓的吉安风味，主要流传于遂川县的西北部山

区乡镇。高坪镇、营盘圩乡因与湖南交界，其龙灯曲牌风格又偏重于湖南风味。遂川龙灯曲牌是历史传承与本土化的结晶，是原汁原味，原生态性质，群众喜闻乐见的独特的吹打乐曲。遂川龙灯曲牌曲调风格属于高腔风格类，是以唢呐、打击乐为主要乐器的吹打联奏乐。主要曲目有《合金珠》《打八仙》《正月里》《四景茶》《梆子腔》《南词》《大摆对》《东南西北》。

曲牌是当地群众依据当地古曲、民歌以及吉安、赣南传统民歌改编而成的具有遂川独特风味的曲牌，其演奏效果可达到凝聚民心，促进社会和谐之目的，又使曲牌世代传承经久不衰，对传承和发展遂川传统音乐、传统文化做出了重要贡献。

　　每年农历正月初一至十五随舞龙队伴奏表演，一般由 6～8 人组成一个吹奏组，每组配备唢呐 2～4 支，小型舞龙队一般用一个吹奏组演奏，大型舞龙队一般用两个吹奏组演奏。遂川龙灯曲牌是依据当地古曲、民歌以及吉安、赣南传统民歌改编而成的具有遂川独特风味的曲牌，其演奏效果可达到凝聚民心，促进社会和谐之目的。曲牌世代传承经久不衰，对传承和发展遂川传统音乐、传统文化做出了重要贡献。

　　2017 年，"遂川龙灯曲牌"被公布为江西省第五批省级非物质文化遗产名录。

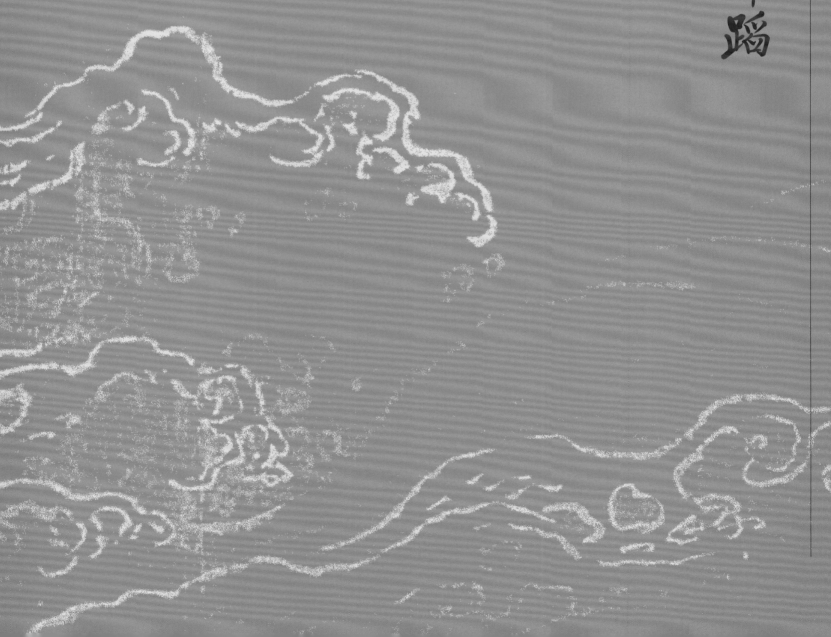

传统舞蹈

1

# 永新盾牌舞

永新盾牌舞在永新县龙源口镇南塘村流传逾 200 年，是集舞蹈、武术、杂耍及造型于一体的传统舞蹈。在永新一带家喻户晓，在始发地南塘村曾有"不练盾牌不是男子汉"之说，特别是元宵祭祖、出灯时，更是必不可少的项目，在文化生活极度贫乏的年代深受民众喜爱和欢迎。

永新盾牌舞阵式变化有序，结构巧妙严谨，内容充实完整，表演灵活机动，气氛紧张激烈，具有鲜明的团队精神和浓郁的地方特色，具有较高的历史和文化艺术价值。

南塘村吴氏族谱载曰："盾牌相传汉始，丙辰年吴氏第九代简易公落住永新南塘村，已传 29 代……"南塘村处于永新边远山区，吴氏族人为外来的客籍人，因自

古缺水，要与当地人争水灌田、争山种植，于是特从广西、云南学来盾牌的打法，历代相传，传说后来有太平天国散兵游勇流落南塘，将盾牌绝技教给了吴氏族人，从而大大提高了南塘人打盾牌的功夫水平。

盾牌舞主要表现两军对垒破阵，相互攻守拼战的过程，由男子集体表演。共有两名铁叉手、至少8名以上牌丁。分为八个阵式，依次为：四角阵、一字长蛇阵、八字阵、黄蜂阵、搭牌、龙门阵、荷包阵、打花牌。阵式布局巧妙严谨，造型威武雄壮。其动作特点：功架不倒，刚柔相济、疾而不乱。音乐为"灯彩"中的唢呐曲牌"锣腔""戏曲"中的"南路散板"——长

音加花、"国术"中的快板锣鼓等。表演过程中不断响起铿锵作响的短刀响环声和队员们"嗬嗬"的呼喊声,营造出一种紧张激烈而热闹的气氛,再现了两军拼杀的战斗场景。

由于南塘吴氏盾牌功夫具有很强的艺术观赏性,很受人们的喜爱和欢迎,逐渐演变成为用于春节元宵期间进行恭贺表演的民间舞蹈。

2006年,"永新盾牌舞"被公布为江西省第一批省级非物质文化遗产名录。

2006年,"永新盾牌舞"被公布为第一批国家级非物质文化遗产名录。

**吴三桂**

男，永新县龙源口镇南塘村人，1947 年 10 月生。

吴三桂14岁便跟随村里吴文降等老一辈学习永新盾牌舞，刀叉兼备，技艺精湛，成为永新盾牌舞第 29 代传承人。他提供了众多的永新盾牌舞道具，开展永新盾牌舞培训，现有传承人约 300 人；参加对外宣传展示交流活动，先后在南昌、北京、上海、西安等地表演永新盾牌舞。2009 年，吴三桂获得"全国非物质文化遗产保护先进工作者"称号。

2008 年 5 月，吴三桂被公布为国家级非遗项目"永新盾牌舞"代表性传承人。

## 2

# 吉安灯彩（鲤鱼灯舞）

　　吉安灯彩是广泛流行并富有群众性的一种自娱性表演形式的传统民俗舞蹈，它是吉安农村每年元宵节的传统活动节目，也是吉安民间闹元宵的主要娱乐活动。遍布吉安市城镇乡村，尤以吉水、万安、遂川、泰和、青原、吉安等县区为甚。

　　吉安灯彩主要分为灯舞和龙舞两部分。灯舞大致分为观赏灯和圆场灯两类，主要有鲤鱼灯、虾蚣灯等。龙舞主要有布龙、箍俚龙、板凳龙等。灯舞和龙舞大都一道活动，组成大型的灯会或组成一定的场面活动。

　　灯舞之中的"鲤鱼灯"，以其悠久的历史、精美的花节、华丽的外观造型、独特的制灯工艺、良好的寓意、丰厚的民俗文化内涵等，倍受世人关注，其历史渊源可上溯到 7000 年前远古时代鱼族人的图腾"鱼舞"。鲤鱼灯由一只威武雄壮的鳌

鱼灯作头，一只活泼调皮的青虾灯为尾，五只金丝鲤灯、四只（或十只）红鲤灯居中，共十一只（或十七只）灯组成。其表演共有十六个花节，分属环环紧扣、流畅连贯的四个不同章节。以民间吹打乐伴奏，有大锣、大鼓、小堂鼓、水钗、小锣、汉锣和唢呐等乐器。所选曲牌，是吉安民间流行最广的《大武队》《双如意》《风入松》《得胜令》《急急高》等套曲中的段子。乐

曲热烈欢快、亲切悦耳。音乐依照舞蹈情节和动作的变化而变化，一个花节更换一种曲牌。鲤鱼灯外形美观，装饰艳丽，眼、腹、尾部装置有灯珠，尤其适合于夜间表演。

新中国成立以后，"鲤鱼灯"多次登上高雅的艺术殿堂，荣获过包括华东地区一等奖、江西省一等奖在内的多项奖励，受到中央领导周恩来、朱德、董必武、彭

真等亲切接见，并先后入编《中国民族民间舞蹈集成·江西吉安分卷》（1989年）、《中国民族民间舞蹈集成·江西卷》（1992年）和《中华舞蹈志·江西卷》（2001年）、《民间表演灯彩选集》（江西，1985年）、《中国民间艺术大辞典》（1990年）等，其影响遍及海内外，堪称中华民族非物质文化遗产的无价瑰宝。

以"鲤鱼灯"等为代表的吉安灯彩在源远流长的赣文化中占有十分重要的地位：一是与民间节日、祭祀活动紧密相关，蕴含着浓郁的民俗色彩；二是表现了强悍不屈、奋发向上的庐陵先贤遗风和精神；三是讲究整体造型美，制作上力求精巧，融竹艺、剪纸、彩绘和光源于一体；四是选用了极富地方色彩的伴奏（唱）音乐。

2006年，"吉安灯彩"被公布为江西省第一批省级非物质文化遗产名录。

2008年，"灯舞（鲤鱼灯舞）"被公布为第二批国家级非物质文化遗产名录。

## 邓建民

男，吉安县棚下村人，1963 年 11 月生。

1984 年，21 岁的邓建民在老艺人何振辉师傅的指导下，开始学习鲤鱼灯表演及制作技艺。他熟练掌握鲤鱼灯的各种表演花节、传统出灯仪式及道具扎制技术。30 多年来，多次带领鲤鱼灯表演队走向国家、省、市、县各级舞台。2010 年，邓建民带队参演由文化部和澳门特别行政区民政总署联合举办的"内地春节习俗展演"大型活动。多年来倾心培养县级以上代表性传承人 18 人，并还在井冈山大学体育学院、固江小学等学校开设非物质文化遗产活态传承培训班。

2018 年 5 月，邓建民被公布为国家级非遗项目"灯舞（鲤鱼灯舞）"代表性传承人。

3

# 新干竹马舞

新干竹马舞也叫竹马灯，由一大（"五马送喜"）、四小（"五马送子""五马拜寿""五马迎亲""五马上梁"）完整的表演系列组成。其表演内容丰富，形象生动活泼，气氛喜庆热烈，且表演难度不高，人员机动快捷，每套动作融习俗舞蹈与健身娱乐于一体，易于推广普及和传承教习。

竹马舞，主要在新干县金川镇、麦斜镇、溧江乡一带流传。清光绪二十四年（1898 年），新干老药师黄在中在山东、河南等地经营生意时，发现"跑驴"（赶驴）杂耍，觉得非常有趣，遂带回家乡

表演，起初叫"神马"，玩者扮作各路"神仙"，骑马游春，走村串巷入户，向人们送福音、赐吉祥，谓之"神马送春"。经过历代艺人的不断改编，新干竹马舞发展丰富起来，成为"一大四小"完整系列并广为传教。

竹马舞表演有起马、尖马、跳马、踩马、鞭马、滚马、娇马、收马等八个基本动作，每个动作都要走四门，即朝东、南、西、北四个方向各作表演。白马（小生）为领头马，其他依次跟随。竹马舞表演的基本步伐有骑马步、花梆步、退马等，另加上走四门、双交叉、走重八字（串）、滚马转、梅花串等灵活多变的舞台调度和队形变化，使竹马舞形象更生动活泼，表演更具艺术观赏性。

竹马舞表演用板鼓、梆子、堂鼓及锣、钹伴奏，伴奏音乐有自己的特色，开头使用"嘟嘟嘟"的鼓点子为引，似马蹄得得。紧接着是叮铃叮铃的马铃声，似有马队来了之感，开门见山点出竹马舞这一主题。表演当中，锣鼓点子随情绪节奏的变化起伏较大。如做"起马""娇马"动作，则用中速的《长行锣》，如做"尖马""鞭马"等动作，则用快速的《京锣》。表演"滚马"场面时，则用《急急风》《乱槌》等鼓点子，形成全舞的高潮。

2008 年，"新干竹马舞"被公布为江西省第二批省级非物质文化遗产名录。

4

# 永丰傩舞

永丰傩舞流传于永丰县陶唐乡邱坊村，当地人又称"麻婆送子""接钟馗""麻婆舞"。其独特而古老的跳跃式弓步、双脚跳、三步跳等傩舞动作，把"钟馗驱魔""麻婆送子"等神话传说演绎得淋漓尽致，是一种表演风格古朴粗犷、形式简练夸张、民俗内涵丰富的传统祭祀舞蹈。

《邱氏族谱》记载，明嘉靖二年（1524年）邱坊人邱文学任山东御使，为官清廉，刚正不阿，曾惩办过不少贪官污吏和劣绅恶霸，人们美其名为赛包公。但年过40却未生育，且夜夜噩梦缠身，苦恼不已。

延医问药、遍寻良方无果。后在江湖术士指点下，参拜钟馗庙，祈求保佑。此后，因梦结缘，喜得钟馗驱除厉鬼，夫人马娘娘梦送贵子。为感大恩，邱御使根据梦中钟馗与马娘娘脸形做成了面具，带回老家邱坊村供奉，四季顶礼膜拜，渐成祭祀仪式。后经加工改进，演变成了集宗教祭祀与武术表演于一体的傩舞，并取名为"麻婆送子"，也称"接钟馗"。

永丰傩舞的演员一般有6人，扮演麻婆娘1人，钟馗1人，天将4人。傩面具用香樟木人工雕刻而成，根据人物性格用油漆绘制出不同的形象。钟馗戴黑色面具，着黑色镶花边绸缎衣，庄严威凛；麻婆娘戴粉红色面具，着橘黄色绸缎花裙，温柔善良；四大天将戴大红色面具，着红色绸缎官服，凶神恶煞。伴奏器乐有大锣、鼓、钗、小锣、唢呐。

永丰傩舞一般在大年的初二、初三两天表演。初二只穿服饰戴面具在全村每户人家巡上一遍，叫"接钟馗"。初三开始表演，扮演各种角色的演员要沐浴更衣，

在鞭炮声与锣鼓声中进入祠堂，到灵台前向祖先和面具焚香膜拜，然后戴上面具、穿上服饰，在锣鼓唢呐声中齐队走出祠堂。首先在祠堂前的操场上表演，四天将手持棍棒，以一种古老的武术动作（拳术）配合弓步、马步等舞蹈动作，相互厮打，装神弄鬼；钟馗则手持钢刀，龇牙裂齿，甩袖、抖须、走圆场，以三步跳、双脚跳等动作驱鬼斩魔，用肢体语言阐述着舞蹈的内容。表演结束后，麻婆娘手捧"太子"在四天将的护送下，前往村中上年娶了新娘的人家，向户主献上"太子"，寓意为"麻婆送子"。表演时，没有任何唱腔和道白，因此永丰傩舞又称"闭口傩舞""武傩"。

2010年，"永丰傩舞"被公布为江西省第三批省级非物质文化遗产名录。

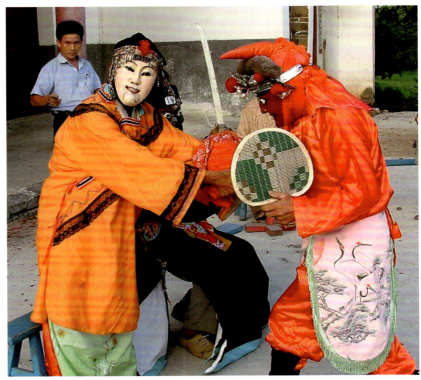

5

# 峡江打蚌壳

"打蚌壳"是一种古老的民间传统舞蹈，该舞蹈始于明朝，至今四五百年。相传舞蹈起源于当地流传的一个古老而美丽的《蚌壳仙子》传说，并与一年一度庆贺新春佳节、祭祀赣水龙王及祖先神灵等有关，表达了人们歌颂美好爱情、向往幸福生活、祈盼赣江水面平静无水患、年年五谷丰登、人畜平安等美好意愿。

打蚌壳舞蹈大致可分为四节。分别为"逗蚌""嬉耍渔翁""翁蚌相斗""打蚌成仙"。其表演与哑剧有所相似，不像一般舞蹈那样严格按照节拍律动，而是将一些日常生产、生活中诸如撒网、扑空、捕捉、逃逸和各种翻、滚、夹等动作，加以美化、

夸张、舞蹈化后艺术地再现，故其表演有一定的随意性和临场自由发挥性。表演中多使用"矮桩交叉步""山羊跳步""跳马步""圆场步""十字步"等步法，将蚌壳精、老渔翁、小渔徒等三个人物的形象和个性表达得淋漓尽致。该舞蹈以民间锣鼓唢呐吹打乐伴奏，所用曲牌为《打蚌壳》，一段音乐多次反复，节奏明快，悠扬流畅。

峡江打蚌壳舞蹈经历了明代、清代、民国等几个不同的发展时期，至民国时基本定型并达到鼎盛高峰期。新中国成立以后，与之关联的祭祀活动等彻底消亡，而打蚌壳舞蹈作为珍贵的民间艺术而保留了下来。

2010 年，"峡江打蚌壳"被公布为江西省第三批省级非物质文化遗产名录。

6

# 吉安茅田花灯

茅田花灯是在吉安县敖城镇茅田村世代传承的民间灯彩，制作精美，工艺独特，表演人数可多可少，表演空间可大可小，其将舞蹈、杂技等元素融入花灯表演中，花节繁复绚丽，技巧变幻无穷，尤其是"灯月水影"独一无二的传统表演景象，极具艺术观赏性。

茅田花灯历史悠久，史传是当地商人从山西做生意时学来传入。最初的茅田花灯灯体较大，并不是用于表演的，而是一

种兼具照明、观赏的悬挂花灯。后来村民将悬挂的花灯取下来，用手提着，加入元宵灯彩巡游队伍，走村串户，恭贺游玩。为方便表演，灯体不断改进，渐趋精美小巧。茅田花灯的表演遵循规范、严谨的传统习俗与程式。一般于每年的春节、元宵期间举行庆贺新春佳节、祭祀祖宗神灵、巡游恭贺表演等活动，以此娱乐乡里、联络感情。

茅田花灯的表演花节有：左（右）抛灯、甩灯；前（后）抛灯、甩灯；平抛灯、对抛灯、高抛灯、顶花、胸花、背花、原地或移动圆弧甩灯、左右八字交叉抛甩及左右八字高抛灯等花节。表演中多运用弓步、马步、蹲步、歇步、踮步、碎步、云步、搓步、矮子步等步法和穿花、出水、圆场等舞台调度方式。舞蹈变幻无穷，令人目不暇接。

正月十五元宵夜，茅田村人于本村举行盛大的闹花灯活动。首先于祠堂内祭祖敬神，然后于本村大路、小巷一一巡游一

遍后，在村中各空地、场院尽情地表演、玩耍。午夜时分，举行"送龙""谢灯"仪式。全村人簇拥龙灯、花灯等，来到村旁大池塘边，作一年一度的最后一场、也是茅田花灯最精彩、最具特色的"灯月水影"表演。烟花升空、万炮齐鸣、人声鼎沸、鼓乐悠扬。顿时，天上高挂的明月、空中抛甩的花灯、水中倒映的灯月光影，相映成趣，组成一幅幅灵动而绚丽多彩的迷人画面，令人心旷神怡，如至仙境。表演达到高潮时，表演者和着舞蹈节奏，齐声发出"嘿嘿嘿……"的吆喝声，群情振奋，激动人心。表演时，以锣鼓、唢呐等民间吹打乐伴奏，曲牌多为当地的民间花鼓小调，喜庆热烈，活泼明快，充满乡土气息之美感。

2010年，"吉安茅田花灯"被公布为江西省第三批省级非物质文化遗产名录。

7

# 万安麒麟狮象灯

麒麟狮象灯是流传于万安县涧田乡涧田村，蕴含着浓郁祭祀色彩的民间灯彩。

相传唐朝时，有一年万安上乡河东一带天降灾难，久旱无雨，民不聊生。为求得风调雨顺，山民们依旧俗在屋顶正中放一只麒麟，在祠堂门两侧安放狮子，在屋顶两角安上两只象，并制作麒麟、狮子、大象等象形灯具跳祭祀舞，祈求神灵保佑。第二年果然风调雨顺，五谷丰登，六畜兴旺。此后，山民们为感谢神灵与祖先庇佑，就将这一祭祀舞传衍至今，并逐渐形成了固定的祭祀程式，由出灯、敬神、祈福、收灯、送灯五部分组成，且每一程式与民间习俗关联密切。

麒麟狮象灯由麒麟、红狮、黄狮（或绿狮）、白象4件组成，制作精巧，形象逼真，造型优美，4人各持1件，在吹打乐伴奏下舞蹈。表演的基本花节有小碎步、矮桩步、摇头花、八字花、滚地花、裹脑花、交手花、狗牯跳、扫地花、矮桩八字花等，花节完整，

灵活多变。表演时常用队形有十字、汇合、篱笆花、单缠柱、双缠柱、双龙进水、双龙出水、八字形等。

传统表演内容分赞词、四门大开、朝坛、缠柱四大部分。"赞词"时麒麟、红狮、黄狮、白象一字排开面朝厅堂上方，舞者分别执灯按顺序一边作揖恭贺，一边大声朗诵赞词。"四门大开"意为给大家带来四方财宝。"朝坛"意为天地相通，请神祈福。"缠柱"意为把幸福紧紧缠住（有单缠柱和双缠柱之分）。伴奏音乐为吹打乐，曲牌有《引子》《十杯酒》《瓜子仁》《采茶歌》《打骨牌》《长流水》《扳头》《火炮》《转板锣》《慢板锣》《起腔锣》《收尾》等。

所有仪式结束，麒麟将玉书、狮子将绣球、白象将观音老母的净水瓶一一赐给人间，寓意听了玉书的劝导就能从善，接到了绣球就能找到好姻缘，用了净水瓶的水就会逢凶化吉。此时村民们便争先恐后地将麒麟、狮子的胡须撕下一些，挂在自家门楣上，意思是留下了"狮威"，就能消灾免难。

2006年，"万安麒麟狮象灯"于"吉安灯彩"中被公布为江西省第一批省级非物质文化遗产名录。

2010年，"万安麒麟狮象灯"被公布为江西省第三批省级非物质文化遗产名录。

8

# 泰和虾蚣灯

虾蚣灯是流传在泰和县螺溪镇舍溪村一带的民间灯彩，其舞蹈花节形象地演绎了虾蚣漫游、弹跳、追逐、嬉戏等活动情状，极具艺术性和观赏性；其制作工艺精巧别致，造型优美，独具特色，是剪纸、雕刻、绘画、扎裱等多种艺术的综合呈现。

相传明正德年间，舍溪村有个名叫胡尧时的人，在云南做官，回乡时，途经四川某地，看到当地表演虾蚣灯，印象极为深刻，回家后就指派人做了一只，并教给村里人舞耍。从此，每年春节至元宵，虾蚣灯在舍溪村一带代代相传。

虾蚣灯由一青一绿两只大虾组成，另配有八朵荷花作衬托。每只虾蚣身长4米余，身围直径40厘米，分头、身、尾三节，身长围粗，身子用100余个直径约40厘米的竹圈拼接成，套在一条长3米余、宽5厘米的竹片上，然后用小绳子把这些竹圈连接起来，使虾身能灵活屈伸。每只虾由三名年轻力壮的男演员撑持表演，模拟虾蚣在荷塘中自由自在漫游、弹跳、追逐、嬉斗等活动情状。每只大虾身体内都配置了灯光，夜晚持舞虾蚣灯，两只大虾在黑夜中闪出迷人的光彩，在配有灯光的荷花映衬下，整个画面曼妙瑰美、鲜活灵动。表演者必须熟练掌握"中高头尾靠，中低头尾翘，三人脚步齐，两手配合摇"的艺诀。表演时以民间吹打乐曲牌《上山虎》《下山虎》《闹元宵》《闹灯调》《吉三枪》《冲头》《纽丝》《三阴三阳》《慢长锤》等伴奏，音乐旋律起伏大、节奏变化多，渲染了虾蚣灯舞欢快活跃的气氛。

2006年，"泰和虾蚣灯"于"吉安灯彩"中被公布为江西省第一批省级非物质文化遗产名录。

2010年，"泰和虾蚣灯"被公布为江西省第三批省级非物质文化遗产名录。

9

# 遂川五龙下海

　　五龙下海又名"五股龙"，一种流传于江西省遂川县珠田乡、泉江镇、禾源乡、巾石乡等乡村民间的民间灯彩舞蹈，至今已500余年。

　　相传，"五龙下海"是根据"太子斩蛇寻亲"神话故事编创而成。灯队由红、黄、绿、紫、白、五条巨龙（又代表阻拦太子寻亲之路的五条巨蛇）、一只象征太子的红鲤鱼，以及各色棋牌灯、拜年灯、四季花灯等组成。加上伴奏乐队人员，全部表演人员多达70余人。

　　"五龙下海"有简单的故事情节。通过紧密相衔、变化多端的"五龙分水""二龙戏珠""高车滴水""麻雀钻秆笼"等十二个主要花节套路，再现了当年太子只身寻亲，勇斩五蛇的壮烈情景。灯彩集"二龙戏珠""单龙舞""香火龙"等灯彩之精华，灯节之多，气势之磅礴，表演内容之丰富、气氛之喜庆热烈、乡土气息之浓郁，地方特色之鲜明，堪称首屈一指，充分体现了人民群众昂扬奋发、不惧艰险、勇于拼搏、敢于胜利，以及勤劳、

淳朴、善良等优良品质，以及齐万众一心、精诚团结的协作精神，和对美好生活的执着追求等。数百年来为人民群众所喜闻乐见。

"五龙下海"常用的特色舞步有"碎步""矮子步""骑马步"等。所用曲牌及鼓点有《打八仙》《含金珠》《正月里》《大摆队》《长槌》《急急风》《桃三槌》等。

乐队一般由两支唢呐、大小鼓、大小锣、大小镲、梆子等组成。一个花节套路使用一个曲牌或锣鼓点，音乐旋律优美，节奏明快，流畅连贯，喜庆热烈，音乐与舞蹈之间严丝合缝，配合默契。

2010年，"遂川五龙下海"被公布为江西省第三批省级非物质文化遗产名录。

## 10
# 万安股子灯

股子灯是万安夏造镇民间艺人结合山区特点，以太平灯为基础，吸取龙灯、鲤鱼灯的优点，创造性地把龙灯分成单独的一股股，便于舞蹈和造型，故名股子灯。其造型优美，制作精良，融竹艺、剪纸、彩绘等于一体，表演花节完整，表演灵活多变，程式套路规范，民俗色彩浓郁。

股子灯的起源与相传1000多年前万安曾流行过一种"黄瓜病"有关，道士指此病乃"黄瓜精"作祟致死人死畜，遂教传人们于春节期间用禾草扎成灯，跳祭祀舞，祈祷神灵保佑天下太平、大吉大利。翌年，果然风调雨顺，太平无事。此后，百姓便在每年

的正月初一至元宵期间，跳这种祭祀舞蹈，并将这一习俗传衍至今。

股子灯的股数不定，小到五股，多达数十股，灯具扎制完成后，要举行"开光"仪式。灯队来到当地的石官庙前，焚香、燃烛、鸣炮、烧纸、拜神、祝赞词、将公鸡血点于龙眼、龙头、龙尾，然后现场表演一套股子灯。表演分高山滴水、对子上水、篱笆花、穿龙门、斗龙穿花等五大花节，且每个花节都有丰富的民俗蕴意。表演时，打灯者手做顺转灯、逆转灯、八字灯花等动作，脚走小快步或半跺步，脚步细密轻巧，平稳矫健。特别在斗龙穿花花节里，做斗龙时，整

个队伍呈波浪起伏状，始终保持连贯的"S"形，间隔距离均匀，脚步密实平稳，频率由慢到快，高矮随灯变化，身子灵活自如，动作矫健流畅。夜间表演时，只见一条鳞光闪闪、活灵活现的游龙忽高忽低，忽上忽下，腾跃翻滚，令人目不暇接。每打完一个花节就摆字造型，或"天下太平""上上大吉"，或"人寿年丰""振兴中华"等。

股子灯的音乐伴奏采用吹打乐，有唢呐、中堂鼓、低音汉锣、高音锣、大钹、小钹等，曲牌多用当地民间流传甚广的《瓜子仁》《状元游街》《长流水》《水波浪》《金钱花》等，节奏明快，情绪热烈。

股子灯闹春一般从正月初一开始至十五夜结束，正月十六吃过早饭便要举行"送灯"仪式。灯队来到本村"水口上"（河边）焚香、烧纸、燃烛、鸣炮、敬三牲，奏乐，表演一套股子灯，再向东、南、西、北祭拜后，将灯上的各种装饰纸撕下焚烧，寓意将神龙送回天。

2006年，"万安股子灯"于"吉安灯彩"中被公布为江西省第一批省级非物质文化遗产名录。

2010年，"万安股子灯"被公布为江西省第三批省级非物质文化遗产名录。

11

# 吉安东园龙

东园龙是一种仅在江西省吉安县永阳镇东园村传世的龙灯，是"中国民间（灯彩）文化艺术之乡"吉安县最引以为豪的、最为古老的优秀民间灯彩之一。

东园龙源于我国自古以来广为流传的普通九节布龙，是一种借助道具进行表演的民间灯彩舞蹈。永阳镇东园村上元舞龙习俗已有 800 年以上的悠久历史，他们将武术、杂技等融入龙灯表演中，自创了"架天桥""架地桥""仰倒牌""迭腕站""登高台"等难度极高的精美花节，形成了与一般九节布龙截然不同，融观赏性和艺术性于一体的独具特色的东园龙。

东园龙每年元宵出灯，出灯时在胡氏总祠等场所举行神秘而庄严的出灯仪式；即便平时龙灯外出表演等，也要于祠堂焚

香设祭，鼓乐鞭炮迎、送至永阳圩街。在东园村，还流传着"神秘高僧报恩授艺东园村""堂鼓的传说"等故事。这些古老的神话、传说等，涉及了东园龙乃至吉安各地龙舞的一些传承发展史，为我们考证吉安地区龙舞及其他民间灯彩舞蹈的历史渊源、发展和流传情况等，提供了间接的证据，具有宝贵的科研价值。

东园龙艺术精美、水平高超，表演难度大，1992年参加文天祥纪念馆开馆典礼及灯彩晚会演出，名声大振，受到包括港、澳、台文氏后裔在内来宾的高度评价。在参与省、市、县各种宣传、展示、庆典等活动中，为促进政治、经济、文化和商贸旅游等各项事业的发展，做出了积极的贡献，深受群众喜爱和欢迎。

2010年，"吉安东园龙"被公布为江西省第三批省级非物质文化遗产名录。

12

# 青原箍俚龙

箍俚龙是流传在青原区新圩镇栗溪村的民间灯彩，始于元代，至今600余年。因其灯体是由1000多只篾箍连缀而成的，故而得名。

箍俚龙为九节，无彩珠。表演时一般是"双龙并进"，即两条龙同时表演。各为九人，一人持龙头，一人持龙尾，其余持龙身。出龙时，前面有牌灯、花灯、鲤鱼灯等各种彩灯开路，伴有民间吹打乐。整个表演过程分巡场、咬尾、单穿花、双穿花、摆字、绕柱、盘王七个花节。表演行进、穿花、绕柱时形似巨蟒，威武雄壮。表演盘王花节时，龙头居中，龙身至龙尾盘结成一个大螺旋体，犹如蛇之歇息，只见龙身颤动，而不见表演者，每每到此，观众拍手叫绝，气氛达到高潮。

籧俚龙一般在农历二月初一当地下元宵前后表演，以祈新年风调雨顺，国泰民安。元宵节一过，村民便筹备扎龙。整条龙用三根结实的麻绳将层层篾箍连缀而成，除龙头龙尾外，龙身全由一个个篾箍连缀而成，以七根"T"字形的木柄均匀分布作为龙身各节节点，总长达 24 米，龙头金碧辉煌、威风凛凛，龙身至龙尾的每个篾箍上，

层层叠叠贴上大红龙鳞，数以万计。在龙背部正中，对称地贴着绿、黑、绿（或绿、黄、绿）色的龙鳞，形成三条龙脊花纹。二月初一午后，人们把扎好的龙带到"龙形"祖山上"请水""发龙"。焚香燃烛、礼生赞礼，祭祀天地、龙王、祖宗。完毕，双龙腾跃，疾驰回村。先在祠堂里伴柱起舞，然后到禾场草坪上表演，一直持续到午夜。第二天再到各家各户去恭贺元宵。送龙时，将龙灯彩纸撕下焚化，来年再新糊彩披，谓之"年年新龙（兴隆）"。

2010年，"青原箍俚龙"被公布为江西省第三批省级非物质文化遗产名录。

13

# 吉水鳌鱼灯

鳌鱼灯原属宫廷灯彩，民间罕见，仅在吉水县盘谷镇盘谷村（李邦华故里）流传。表演形式多样，花节繁多，别具一格，尤其是其中的鳌步有鲜明的宫廷灯彩特征，表现出华贵高雅的气势。

相传鳌鱼灯是明崇祯元年（1628年）皇帝赐给兵部尚书李邦华亲属回乡玩赏的灯彩之一。当初皇帝所赐的全套灯彩分为"座灯""行灯"两大类，统称为"鳌山灯"。鳌鱼灯为"行灯"之一种。因全套鳌山灯耗资太大，多年后陆续失传，仅鳌鱼灯得以保留，代代相传，至今已传十七代。

鳌鱼灯由麒麟、鳌鱼、狮子、黄龙四品灯彩组成，每品各两节，共八节，分别以淡蓝、粉红、橙黄彩布联结起来。表演花节有团龙、会圈、跳四门、跳三字、举龙、打龙、步桩、传龙等，需八个青壮年，两人一组，由鳌头师傅带领四品灯群起，按照踩四门、打龙、织壁、步桩、跳龙门的程式完成整套动作。表演时麟与鳌结对，

狮与龙成双，追逐嬉戏，各自翻滚，谓之"打龙"，打龙时配打击乐和唢呐伴奏。要求演员动作鳌要溜，优美圆滑，似鲤鱼戏水；狮要踊，跳跃扑腾，如猛虎下山；龙要卷，扭搅旋转，似彩绸飞舞。

盘谷村有句俗语说："看了谷村灯，连夜出生庚（嫁女订婚的生辰八字）。"每年春节，村民们都会张罗着打鳌鱼灯，此项习俗在当地从春节一直闹到元宵，传说在清代中期，此灯最盛行，盘谷村18族的48个支房，每房至少有一起，最多时玩到100多起。

2006年，"吉水鳌鱼灯"于"吉安灯彩"中被公布为江西省第一批省级非物质文化遗产名录。

2010年，"吉水鳌鱼灯"被公布为江西省第三批省级非物质文化遗产名录。

2021年，"灯舞（吉水鳌鱼灯）"被公布为第五批国家级非物质文化遗产名录。

14

# 吉水长龙

长龙是流传于吉水县盘谷镇曾家村的传统灯彩，由九节布龙发展而来，以"长"著称。龙头龙身龙尾共333节，1000多米长，400余人同时参与舞耍，表演要求协调性高，注重队形变换，体现出男性的阳刚美和遒劲豪迈的风格，其造型优美，规模宏大，气势磅礴，为我国同类灯彩中所罕见。

长龙的产生源于曾家村"一门三进士"的荣耀。明万历五年（1577年），刑部尚书曾存仁之子曾乾享继父兄之后又中了进士。于是，"一门三进士"的佳话广为传扬。老家上曾家村更是一片欢腾，乡民们自发地聚"龙"30节，敲锣打鼓，上祠堂祭祖敬宗，然后再到进士家恭贺道喜。从此，

上曾家村每逢春节或喜庆日子，都要舞长龙来庆贺、祈福，以示龙脉旺盛，福降千家万代，相沿成俗。而且，凡有喜庆大典，龙就增加节次，逐渐演变成如今的 333 节长龙。"333"有"一门三进士""父子三进士""明朝三进士"等寓意。

长龙由龙头、龙身、龙尾三部分组成。龙头重 30 公斤，由竹篾彩纸（布）制成；龙身以竹篾制成鸡笼状，每节间距 6 尺，黄布相系；龙尾与龙头相配，但较龙头轻

巧灵活。龙身以金色为基调，舞者着一色的灰蓝色服装，轮廓清晰，色调和谐。

舞长龙常见的花节有会圈、倒四门、串四方、团龙、倒龙等，其表演注重队形变换，以各种气势恢宏的造型取胜。如巨龙漫游、卧龙戏珠、老龙盘柱、龙潜龙门等。表演时由 10 支吹打乐队伴奏，乐器有锣、鼓、钹、小锣、唢呐等。

2006 年，"吉水长龙"于"吉安灯彩"中被公布为江西省第一批省级非物质文化遗产名录。

2010 年，"吉水长龙"被公布为江西省第三批省级非物质文化遗产名录。

15

# 泰和华盖双狮舞

华盖双狮舞系集武术、杂技、音乐、舞蹈为一体的民间传统艺术。狮身用彩绸、彩纸、布、竹、麻等材料制作而成，表演融合了文狮与武狮的特点，既有细腻诙谐的情趣表演，又有威猛惊险的技巧表演，极富观赏性、娱乐性。

华盖双狮舞起源于泰和县万合镇的华盖山田段村，村里历来有舞狮的传统，距今已有700多年的历史。传说中狮子乃天龙九子之一，善守门，故在文天祥抗元兵败后，华盖山村组建了舞狮队，既是继续传承民间武艺，也是祈求天下太平，更是为了纪念文天祥这位民族英雄，并以此表达村民们誓死抗元、保家卫国的决心。

华盖狮最初为单狮，也称青草狮，后经一安徽逃难到本村的耍狮艺人指点，对

舞狮进行了修改、完善，将单狮改为了双狮，即华盖双狮。表演共由五人组成：引狮者和一雌一雄两头狮子。引狮者由一武士扮演，而每头狮子则由两人共同扮演，一人站立挥舞狮头，一人弯腰舞动狮身和狮尾。舞狮人上披狮被，下着与狮身相同毛色的狮裤和金爪蹄靴，造型酷似真狮。狮头上缀红结者为雄狮，缀绿结者为雌狮。

表演时，引狮人以古代武士装扮，手握旋转绣球，于鼓、钹、铜锣、碗锣、唢呐等音乐声中不断逗引双狮。狮子的眼睛、嘴巴、耳朵随着音乐的节奏不时开阖，时而显得活泼可爱，时而显得威武勇猛。动作多以扑、跌、蹲、翻、滚、跳跃、搔痒等为主。表演要求具有扎实的武术功底，

尤其是引狮人更须身手不凡。否则，很难完成空翻上下高桌、倒立等高难度动作。而扮演双狮者，除了会武术之外，还需灵巧的身段，娴熟的技巧，前后配合，相随而动，协调一致，才能很好地把狮子的特性表现得活灵活现，把狮子舞得有声有色、生龙活虎。

数百年来，随着舞狮技艺的日臻完善，演变和形成了现今颇具民间地方特色的华盖双狮舞。每年的春节、元宵或有重大庆典活动，不管再忙再累，村民们都会放下手中的农活，以舞狮的方式举行欢庆，祈祷来年风调雨顺、五谷丰登、六畜兴旺。

2013年，"泰和华盖双狮舞"被公布为江西省第四批省级非物质文化遗产名录。

传统戏剧

四

1

# 永新三角班

永新三角班是后来诞生的赣西采茶戏的主要发源戏种，集永新民间舞蹈、民歌、山歌、说唱等多种民间艺术形式，融合湘剧、赣剧（当时称"弋阳腔"）等剧种的表演风格，衍变而成的地方小剧种。1840 年，老艺人戴桂莲的曾祖父刘先庆，带一个湘剧半班到永新演出，后在永新高市上门入赘，搭起"庆喜班"，长期在赣西城乡巡演。

期间，他把赣剧（当时称"弋阳腔"）、湘剧的表演风格渗透融合到永新三角班之中，从而使永新三角班增加了行当，由"三角"变成了"多角"，开始上演大戏，如《梁祝》《孟姜女》等，并最终演变成了"赣西采茶戏"。主要流行于永新、莲花、宁冈、安福等县。

永新三角班起源于清初民间闹元宵的灯彩舞蹈"采莲船"，由一旦一丑扮演，小

旦彩衣彩裤，坐于花船之内，小丑手执桨板，作划桨表演，船内船外，一唱一答，边走边摇，俗称"踩彩船"。后来吸收了湖南花鼓戏和赣南采茶戏的表演风格，渐而衍变为一旦一丑一生的三角班。三角班问世不久，流入湖南茶陵、衡阳、攸县、炎陵等地。这些地方，至今还流传着永新三角班的一首歌谣："咕啦三角班，行头自己担，只要挑得来，至少唱一晚。"那时湖南戏班子在演出时，小丑常在表演中说："手拿三弦板，口说四乡话，衡州牛家拐，长沙讲官话，醴陵咯是咯，江西哇咕啦"（"咕啦"就是永新县的一句独特土话，意为"什么"或"这个"）。

永新三角班多在农闲、节庆、庙会、造房、建祠、修谱或农村红白喜事等期间演出，春节前后更是走村串户演出的最佳时机。表演时只限三人，时间可长可短，还可根据观众情绪和要求任意发挥。内容包罗万象，语言诙谐幽默，乡土韵味浓厚。三角班的曲调不但运用山歌、说唱、民间小调进行再创造，就连本地的口头禅，也融化成曲调，如《戒洋烟》中的"戒洋烟调"就有永新乡村流行的口头禅"死绝逃亡，埋人扛丧"。每句曲调可分成若干个乐段，后面都有一声"咿呀哟"的高音变调拖腔。曲牌主要有《十打》《五更鼓》《下象棋》《妹子曲》《摘茶子》《双采莲》等。

2008年，"永新三角班"被公布为江西省第二批省级非物质文化遗产名录。

2

# 吉安采茶戏

吉安采茶戏是广泛流行于吉安市及所属周边县、区的一种民间小戏。表演载歌载舞、语言诙谐风趣、内容丰富多彩、曲调粗犷朴实、旋律优美婉转、唱腔通俗易懂，具有浓郁的生活气息和乡土风情，是扎根吉安城乡、百姓喜闻乐见的民间艺术瑰宝。

永丰三角班是吉安采茶戏表演的雏形，于清乾隆年间形成。是由小生、小旦、小丑三个角色组成的班底，人数不多，有"七紧、八宽、九轻松"之说，适合在农村演出，后来，吸收、融合了宜黄戏和花鼓戏等的艺术形式和风格，形成了演出班底规模更大，有如大戏班半个班底的采茶戏班社"半班"，并逐渐向吉水县、吉安县、新干县、泰和县、万安县以及周边的乐安、宁都、石城，于都等地发展，曲调丰富到110余种，曲牌发展到50余种，民间采茶戏班250余个。

吉安采茶戏表演最具特色的有矮子步、拐子步、裙子功、扇子功等。矮子步：分高、

中、矮三种桩步。高桩步，上身端直，肩膀稍摆动，双膝微蹲至 140 ～ 160 度，双足用前脚板落地，足跟悬空，臀部自然摇摆，幅度不大，举步均匀向前。中桩步，在高桩步的基础上，双膝下蹲到 100 ～ 120 度，因此臀部的摆动幅度更大些，双肩的摆动幅度也相应加大。矮桩步,双膝下蹲到60度左右,走台步时用脚尖点地,否则就会向后仰翻,臀部、肩部的摆动相应加大。拐子步:是丑行表演特色台步之一,右足微曲,足尖点地,左脚僵直不曲,行走时脚板全落地,走台步时自然形成一拐一拐的形态。整个表演要求驼背,曲足,瘫手(左手),歪嘴,丑态可掬。裙子功:是丑行表演特色台步之一,行走时上身端直,双脚足板全部落地,左右臀部一先一后有节奏地微微向后掀动,随着腹部一张一缩,系在腰上的裙子也自然地、有节奏地掀动,这种功夫叫"裙子功"。扇子功:丑、旦用折扇作道具,耍出各种花样,有起绸扇花,小脚步扇花,对持扇花,收调扇花,单台戏吊扇花,单台戏起调扇花,高桩扇花,矮桩扇花,收桩扇花,反持扇花等。

吉安采茶戏传统音乐的特点是一戏一曲,曲名即戏名,如《毛朋记》《别店》《秧麦》等。如有两个以上的曲调,则分上下调,如《劝夫上调》《劝夫下调》,曲调呈方块体,上下对称的结构,唱腔中运用了真假嗓结合的唱法,充分体现了三角班的音乐特色。

吉安采茶戏的传统老剧目大都是反映农村的生产劳动、生活情趣、商贸经营、男女恋情等,具有浓郁的生活气息,朴实

健康、幽默风趣，富有乡土味、人情味。在井冈山革命斗争时期，红色剧社演出了《父与子》《大放马》《工农兵团结》《慰劳红军家属》《志愿当红军》《欢送哥哥上前方》等剧目，鼓舞了红军士气，振奋了革命精神。

改革开放以来，吉安采茶戏精品迭出。1999 年创作演出的《远山》、2002 年创作演出的《乡里法官》先后获得中宣部第八届、第九届精神文明建设"五个一工程"奖。大型采茶畬歌剧《热血山哈》获江西省玉茗花戏剧节剧目特别奖和第五届全国少数民族文艺会演获剧目银奖。大型吉安采茶歌舞剧《杜鹃花开的地方》获得江西省"五个一工程"奖。采茶小戏《悬崖上的映山红》荣获江西省玉茗花戏剧节优秀剧目奖。《井台》《半边门》《半边锣》《雷雨过后》《苟生办酒》《生日大礼》《寻牛记》等 20 多部现代采茶小戏也相继参加省里汇演，既弘扬了时代的主旋律，又丰富了人民群众的文化生活。

2010 年，"吉安采茶戏"被公布为江西省第三批省级非物质文化遗产名录。

2021 年，"采茶戏（吉安采茶戏）"被公布为第五批国家级非物质文化遗产名录。

3

# 青原烟花傀儡

吉安青原烟花傀儡，古称药发傀儡，是一种集烟花、编扎、剪纸、雕刻、绘画、木偶、戏剧于一体的"瓦舍技艺"。起于隋唐元夕灯会，盛于两宋都市，传于明清节庆赛会活动。

南宋时，由京城临安（杭州）传入江西。青原烟花傀儡，随梁氏先祖来江西开基定居而进入庐陵渼陂。邻县万安、遂川、吉水皆有传播。在万安名花本，吉水叫架花，遂川称烟火礼花。

每于正月元宵夜，架设花树一根，上悬高约 2 米花筒，筒内装有七至十一层花盘，每盘置放各式各样戏曲人物与仙佛形象。燃放时，以"地老鼠"引火点燃花盘

第一层，逐层依次张开，燃烧烛光，层层展现神话、戏文，一层一个故事，一层一个情景，每层相持一刻钟，全台表演历时一至两小时。其中，花筒四周，彩焰齐发，此起彼落，天上地下，火珠闪烁，五彩缤纷。

青原烟花傀儡的燃放表演，常于龙灯、狮子、彩船、异神、跳傩结伴、歌声阵阵、锣鼓喧天。观者若狂，万众同欢。青原烟花傀儡，延续千年。

2013 年，"青原烟花傀儡"被公布为江西省第四批省级非物质文化遗产名录。

4

# 泰和提线木偶戏

提线木偶戏又称傀儡戏，出自泰和县上模乡，其人物结构由钩牌（操线板）、悬丝（8～16条）、傀儡头（含盔帽）、躯干（含服饰）、四肢（含鞋、靴）等部分构成。所用材料，以木、竹、丝线、布帛为主。主要表演方法，偶人系线根据角色的不同，分别为5～12根不等，按具体情况还有增加到20余根的。偶人通高50～60厘米，重3.5～5千克。通过线戏艺人巧妙地运用提、拨、勾、挑、扭、抢、闪、摇等方法，赋予木偶以艺术生命，动作栩栩如生，却又有浓厚的木偶特色。可以自然地作卸帽子、脱衣服、搬椅子、抢杆子、单双闪官翅等特技动作。

　　上模乡泰和提线木偶戏距今已有百年历史，属于半农半艺的演出团体，艺人们集唱、做、念、打和奏乐于一身，是一门融会了雕刻、服装、表演、剧本、音乐诸元素的民间戏曲艺术，他们农忙种地，农闲演戏。一般在庙会、节日庆典、端午、闹元宵、红白喜事等在祠堂或室外空地等地方进行表演，据说是由兴国县传入。20世纪50年代，上模彭昭财老先生表演的提线木偶剧红极一时，现由蔡定礼、郭世英等人传承至今。演出时演员挑着担（所有演出家当，一担箩筐便挑完），走村入户。

演出的剧种有《征东征西》《西游记》《满堂福》《金家福禄》《三娘教子》《桃园结义》等100多种。唱词与当地客家民歌有关，它吸收民歌的精华，唱词口语化，是一种通俗流畅而富有鲜明个性的文艺形式。唱词多用七言句式，十分讲究平仄，表演以叙事方式进行。木偶戏内容多取自历史演义、公案小说、民间传奇、神话故事，传统剧目不下数百种。

2017年，"泰和提线木偶戏"被公布为江西省第五批省级非物质文化遗产名录。

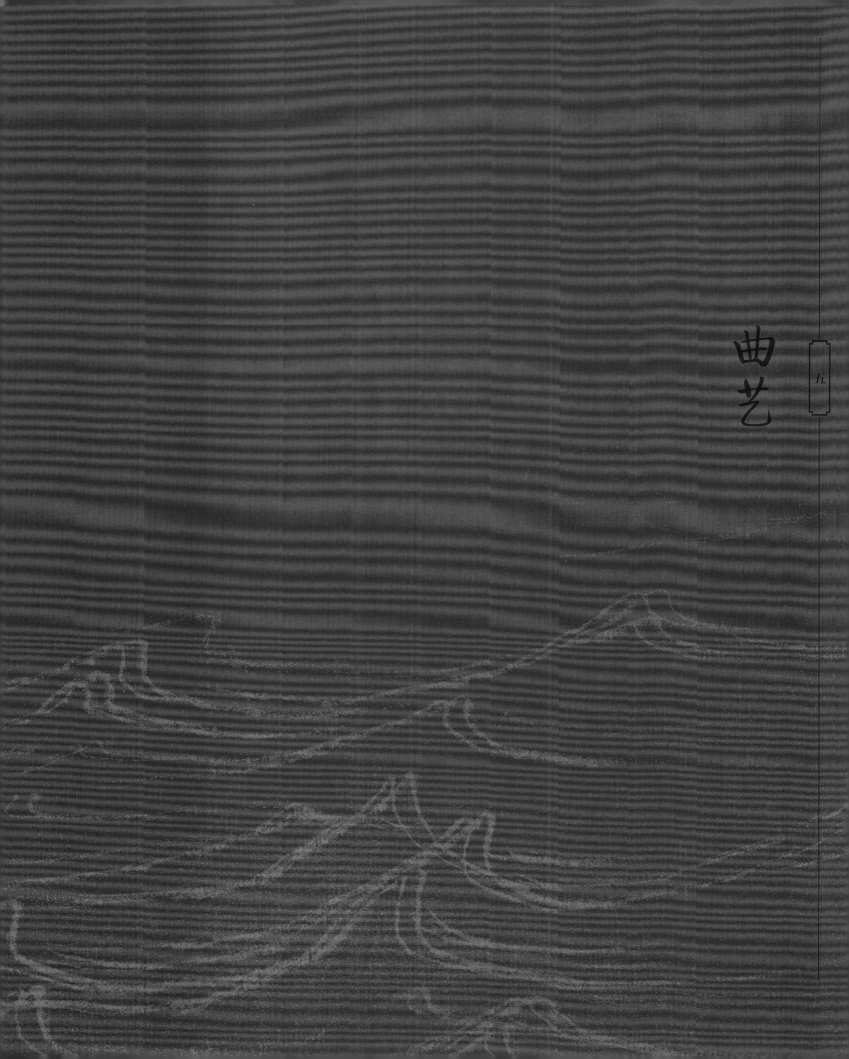

曲艺

五

# 新干摇钱树（莲花落）

摇钱树，又称莲花落，源于宋，形于明，盛于清，源远流长。两人一伍，一唱一帮。演唱者手执一常青树枝，上缀许多红色纸花，枝丫间用线串铜（明）钱，摇动时"嗦嗦"作响，以助打节拍，故又称摇钱树。

清末，新干摇钱树发展成为地方主要曲种，出现了专门从事唱戏文的职业盲艺人，他们行乞而唱劝世戏文，以扬善贬恶、因果报应、吉祥口彩、拜求施舍为主，后来在原来单一清唱或两人对唱的基础上，变走唱为坐唱，由"耍花棍"发展成有胡琴、板鼓伴奏，是兼容"说书"的另一种形式。《新淦县志》记载"竹龙又替水龙船，斗巧争奇色色鲜，笑煞城东王老爷，听人齐唱落离莲"。"落离莲"即莲花落。

民国时，新干开始出现有组织的盲人曲艺"行会"，并以"八仙挂图"作为祖师供奉，订规立矩，收徒传艺。演唱的传统大曲目有《拆亲记》《白扇记》《罗帕宝》《丝带记》《卖花记》《天宝图》《莲塘记》《南瓜记》《借布记》《借米记》《救客记》《玉堂春》《秦香莲》等；小曲目有《骂情调》

《四季相思》《手扶栏杆》《扬州打倒贴》《绣麒麟》《照花台》《摇钱树》等。

1951年，新干县文化馆组织成立了盲人曲艺队，先后创作演出了《老虎村》《刘二娃》《吕松山活捉美国兵》《刘婴友惩恶记》《罗汉钱》《共产主义是天堂》《血泪仇》《夺印记》《歌唱雷锋》《十劝嫂》《李双双》《秋南翻身记》《白毛女》《两兄弟》《杨开慧》等曲艺节目，复排了《梁山伯与祝英台》《南瓜记》《十五贯》等传统曲目；创作演出了《联产计酬好处多》《十唱共产党》《喜唱新干处处新》等曲目。

新干摇钱树经过长期发展和变化，与江西其他地方的莲花落既有共性，又有差异性，形成了独特的艺术特色。以"本调""哭调"为主要唱腔，吸收民间小调、采茶戏音乐，且用方言说唱，婉转流畅，生动风趣；演唱形式多样，善于叙事抒情，有精短的颂吉板口、精彩曲折的说课子，还有抒情的小曲小调；演唱内容丰富，通俗易懂，主要是一些历史故事、神话传说和民间故事的改编，反映了不同历史时期的社会风貌、民风民俗，是传统文化和地方风俗的历史见证。

2006年，"新干摇钱树"被公布为江西省第一批省级非物质文化遗产名录。

# 永新小鼓

永新小鼓原名"唱号音"，产生于清朝乾隆年间，始创祖师爷欧阳承相，略通文学，因病双目失明，后被送入"圣恩堂"（盲人院）。他在渔鼓说唱的影响下，采用永新号子、山歌，运用地方方言，把他熟悉的民间故事、戏文等编成小段子，用渔鼓改装成牛皮小鼓，自敲自唱，走街串户，以谋生计。从欧阳承相创艺后，只传盲人，代代相传。

清代，"唱号音"基本上是纯唱，没有说白，唱词中间偶尔会夹些口语化的衬词。民国时，艺人开始创作了许多大型连本曲目段子，在这些曲目中，不仅有唱，中间还夹有道白，融入了戏曲的说白韵味，拉

腔拉调，有声有色，风味独特。说唱道具主要有小鼓、小竹竿（鼓杆）、竹板（快板）、红布带子、小凳子。表演时，说唱者左手指间夹两块小竹板，右手持一根小竹竿敲鼓，胸前用红布带挂一小鼓至腰间，每说完一句后敲鼓打竹板做伴奏。小鼓演唱时间和地点自由，春夏秋冬、白天黑夜，街头巷尾、厅堂广场皆可见小鼓说唱，民众喜闻乐见。

永新小鼓的唱腔脱胎于渔鼓，句式和板腔结构同渔鼓有相似之处，但又有发展变化。曲调跳跃起伏，跌宕多姿，能叙事也能抒情。其曲调称为小鼓调，属于板腔体结构，又分为平腔（包括平腔小快板）

和高腔两种，以平腔为主。传统表演的段子有300多个，分为大型连本和小段子两种。大型连台本均为传统曲目，小段子中又分传统曲目、苏区曲目和现代新编曲目三大类。其内容大都是反映群众生产生活、男女爱情、伦理道德等，宣扬真善美、鞭挞假恶丑，具有一定的社会教化功能，永

新县现收藏有永新小鼓手抄本5本，小段子30多个。

2006年，"永新小鼓"被公布为江西省第一批省级非物质文化遗产名录。

2014年，"永新小鼓"被公布为第四批国家级非物质文化遗产名录。

**朱友生**

男，永新县禾川镇人，1952年10月生。

朱友生受传于永新小鼓演艺人熊年生、陈高朵、黄法华等人。2015年，参加了全国第一届鼓书研讨会；2018年，参加全国非遗曲艺周等各类演出；经常在井冈山大学、永新中学、永新实验小学等大中小学开展曲艺讲座和培训。

2018年5月，朱友生被公布为国家级非遗项目"永新小鼓"代表性传承人。

# 吉安渔鼓道情

吉安渔鼓道情，又称"吉安道情"。乡村民间俗称为"打嘣嘣"。于明万历四十七年（1619 年）前在庐陵县（吉安县）养济院（圣恩堂）形成，并向吉水、永丰、峡江等地流传开去，是一种起源于吉安本土、至今还在传唱的历史最为悠久、地方特色最为鲜明、普及程度最高、与人民群众生产生活关系最为紧密的古老曲种。

吉安渔鼓道情一直以来，都是由盲艺人表演，演唱形式大致分为渔鼓曲和胡琴曲两种。采用师徒口传心授方式传承。曲目题材广泛，篇幅长短不一。长篇传统曲目堪称鸿篇巨制，最长的《天宝图》等，要唱 15 天之久。短篇曲目一般在几分钟至数十分钟。唱词以七言句为主，间有长短句式。主要传世作品有长、中、短篇传统曲目《梁成辉打案》

《开荒记》《孟姜女》《劝世文》等 90 余个。现代曲目《翻身记》《焦裕禄》《王杰探家》《江姐进山》等近百个。现代曲目中包括有第二次国内革命战争时期，苏区广为传唱的《送郎当红军》《苏区景》等。不少艺人往往还擅长即兴创作，自行编词、配曲演唱一些诙谐幽默、短小精悍，并有励志、劝善意义的曲目。吉安道情曲目通俗易懂，其音乐地方特色十分鲜明，具有较高的文学、音乐和民俗学研究等价值。1992 年，吉安县将吉安渔鼓道情收入《吉安县曲艺志》。

目前在吉安，仅存少量吉安道情盲艺人，这门表演艺术处于濒危状态。

2013 年，"吉安渔鼓道情"被公布为江西省第四批省级非物质文化遗产名录。

六

传统体育、游艺与杂技

1

# 井冈山全堂狮灯

全堂狮灯是流传在井冈山东上乡虎爪坪村的传统武术竞技项目。《宁冈县志》记载，虎爪坪村习武之俗始于清道光三年（1824 年），一少林俗家弟子卢能昌落难来到虎爪坪村的深山老林里，以烧木炭和采草药为生，经村民三番五次盛请，才出山收徒，传授各路武术，始成全堂狮灯，历代相传。

全堂狮灯的传统表演与节庆习俗息息相关。每年正月十五日，全堂狮灯在师傅的带领下，入祠堂祭拜祖先神灵和村中族老长辈后，方可在村头、场院及各户厅堂等地表演。主要表演项目有龙灯（俗称"三节龙"）、舞狮（又称"顶狮头"）、拳术套路表演、棍术套路表演、对练项目、器械项目及盾牌舞（俗称"藤牌舞"或曰"破牌"）七大类，其中拳术套路、棍术套路、器械项目均由 10 人表演；音乐伴奏用民间吹打乐，曲牌有《开唱锣》《狐狸排街》《高山滴水》《急急风》《闲路锣》《狮子调》《拳

棍锣》等，音乐依照舞蹈情节和动作的变化而变化，一个项目更换一种曲牌，对舞蹈作了恰当的烘托。全堂狮灯每一类项目有不同的表演形式和内容，融攻防格斗与健身娱乐于一身，表演时配奏锣鼓、唢呐，气势恢宏、喜庆热烈。

全堂狮灯流传至今已十三代，第六代传人绍宾宗师、第七代传人林贵祥等，都

是民间武术名家。井冈山斗争时期，红军创办的龙市红军教导队，就有来自虎爪坪村的武术学员，他们的武术曾在红军教导队学员中广为传授。新中国成立后，虎爪坪村的全堂狮灯得以延传，先后参加过全省民间艺术会演、全国民间艺术表演等活动，焕发出夺目的光彩。

2010年，"井冈山全堂狮灯"被公布为江西省第三批省级非物质文化遗产名录。

2014年，"井冈山全堂狮灯"被公布为第四批国家级非物质文化遗产名录。

**林文辉**

男，井冈山市东上乡人，1961年10月生。

林文辉5岁入门，学习扎马步基本功，7岁学习套路，14岁进入全堂狮灯表演队并参加下乡演出、比赛。20世纪80年代，跟随其父亲到湖南茶陵、炎陵和江西宁冈、永新等地授徒传艺。近年来，他把全堂狮灯项目技艺带进校园，现已传授学员弟子300余人。2019年9月，参加了江西省文化和旅游厅主办的非遗进景区宣传活动开幕式演出；2019年10月，受邀参加2019广东（佛山）非遗周暨佛山秋色巡游活动。

2018年5月，林文辉被公布为国家级非遗项目"井冈山全堂狮灯"代表性传承人。

传统美术

1

# 新干剪纸

新干剪纸，以家传或自学互教方式传承，技艺以阳剪为主，辅以阴剪或阴阳手法交替使用，题材多样，内容丰富，主要表现地方传统历史文化和民间风情习俗，形象生动传神，寓意美好吉祥。

新干剪纸主要在七琴、金川等地流传，并逐渐影响周边地区。其表现内容多为婚嫁喜庆、年节及丧事等民风民俗，如妇女的拦裙花、鞋花、头盖花、新房门帘，小孩的帽子，口枷花，春节的彩帘、丧事的灵屋、寿鞋、纸衣、纸钱等，民间剪纸渗透百姓生活的各个方面，呈现出民间艺术的丰富性、普遍性和特殊性。

新干剪纸的表现题材主要有以喜庆吉祥图案为主的喜庆类、以花鸟鱼虫飞禽走兽为主的花鸟类、以人类生活和思想情感为主的人物类、以山川河流为主的景物类、以民间神话传说为主的神话类，等等。同时，作品中融入了创作者的思想愿望，擅用传统图像符号，赋予特殊的象征意义。如"马

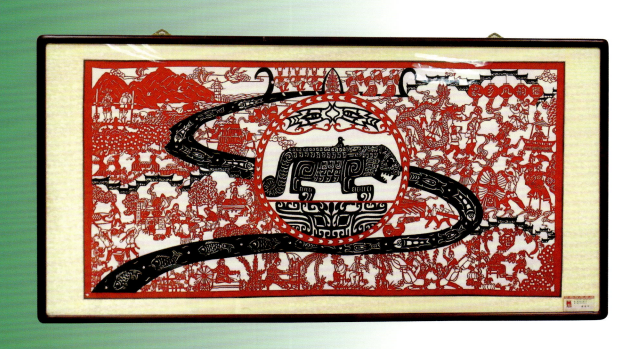

门神

上封侯""吉庆有余""早生贵子"等寓意吉祥，在民间久传不衰。

风俗性是新干剪纸鲜明的艺术风格，春节、元宵、清明、中元节、中秋节等传统节日是新干剪纸表现的主要时机。春节剪彩钱、剪"富"字，元宵剪贴花、剪灯彩，清明、中元剪冥钱冥品，中秋剪月兔、剪八仙。婚俗剪纸更是花样繁多，艺术精湛。洪桂英是风俗剪纸的典型代表，其作品《门

帘》由鸳鸯、喜鹊、荷花、红枣、花生等吉祥物巧妙组成，反映了新干农村传统婚礼习俗，风俗浓厚，意味深长，具有很强的艺术效果。

2008 年，"新干剪纸"被公布为江西省第二批省级非物质文化遗产名录。

2011 年，"剪纸（新干剪纸）"被公布为第三批国家级非物质文化遗产名录。

2

# 永丰畲族刺绣

龙冈畲乡刺绣是活跃在永丰县龙冈畲族乡一带的民间工艺，清乾隆三十二年（1767年），随福建雷姓畲民迁入本邑下樟村后而传入龙冈畲乡。

在闭塞的山区生活中，畲乡妇女在山歌的陪伴下、在山林的护佑中、在生计的重压下，用七色彩线在领口、袖口、襟边、围裙、衣帽、鞋带刺绣各种花鸟虫鱼和几何纹样，把自己对生活的美好憧憬，形成美丽的图案花纹，用以装扮自己，美化生活。这一习俗与苗、侗、壮、瑶等少数民族有所相似。

龙冈畲乡的刺绣，题材源于生活，图案师法自然，构图简洁、色彩绚丽、图案夸张，大有农民画的风格。而它的针线比较粗犷，又与平绣、织绣、立体绣、乱针绣等技法效果有所相似，刺绣纹饰图案以当地常见的动、植物为主，偏爱绣牡丹、梅花、龙虎、麒麟等传统吉祥动植物；几何纹饰多为缠枝、云头、云勾、山脊、海牙以及八卦、万字形等纹样；刺绣无须图案样本、随意而为、心想绣成。

龙冈畲乡刺绣手工艺品种类繁多，题材广泛，内容丰富多彩，他们除在衣裙上刺绣外还在帐帘、肚兜、鞋面、童帽、盒包等上面刺绣，具有独特的畲族风格和浓郁的原生态气息。

2013年，"永丰畲族刺绣"被公布为江西省第四批省级非物质文化遗产名录。

3

# 青原东固传统造像

"东固传统造像"，是江西吉安境内一项将木雕工艺与民间宗教造像、民间信仰仪式三者结合起来的综合性技艺。

从事此项技艺的人被当地人称为"丹青先生"，丹青先生首先必须掌握娴熟的木雕技艺，主要雕刻各种佛教、道教及民间宗教中的各种神像。神像雕刻完成之后，丹青先生还得亲自主持开光仪式，通过此种仪式给他们所雕刻的神像开光，赋予神像"法力"。至此，造像工作才宣告完成。

丹青先生的法力来源于两部分，一是属于天师道系谱的行业神，二是祖师。他们既是木匠，又是火居道士，还是民间信仰祭祀仪式中的司仪（民间称之为"先生"）。

吉安市青原区东固镇东溪村委会的东溪村刘姓家族刘节亮一家至今还保留着这项传统技艺。刘氏在明朝初年定居于此，至今已繁衍了二十多代。刘节亮家族从事丹青技艺可以追溯至明初年，有明确记载的传承人多达52位。第52位传人刘发招

的孙辈刘节明、刘节亮、刘节旺三兄弟，从他手中继承了这一传统技艺，谙熟开光仪式，均为吉安闻名的"丹青先生"。此外，刘氏三兄弟在保持传统技艺的基础上，还不断致力于将现代美术与传统木雕结合，雕刻出更为生动的神像，尤其是关公像，已经远销福建及广东等省。

2013 年，"青原东固传统造像"被公布为江西省第四批省级非物质文化遗产名录。

2014 年，"木雕（东固传统造像）"被公布为第四批国家级非物质文化遗产名录。

**刘节明**

男，青原区东固人，1965年8月生。

1975～1992年，刘节明师从祖父刘发招（明南京工部籍刘氏家族神像雕刻技艺传承谱系第十八代传承人）学习雕刻技艺，并一直致力于刘氏神像雕刻技艺的传承与创新。作品《乐不思蜀》《自乐女》《寿星》《恐龙蛋》《关公》等多次获奖。2018年5月，荣获文化部"全国非物质文化遗产保护工作先进个人"。2019年5月，参加"'文化与力量'2019江西文化发展巡礼展"和在北京全国农业展览馆举行的"2019亚洲文化旅游展"。2020年，荣获"江西省劳动模范"荣誉称号。

2018年5月，刘节明被公布为国家级非遗项目"东固传统造像"代表性传承人。

4

# 万安民间绘画

万安民间绘画起源于宗教、巫术类神像绘画，其历史悠久，逾越千年。

宗教（尤其是道教）和民间俗神崇拜、巫术等，自古在万安十分盛行。每逢过年过节，家家都要贴门神、挂神像，虔诚祈祷祭祀。即便是平时，凡家中老小偶染病患，也往往悬挂手绘神仙鬼怪图像顶礼膜拜，借助巫术驱病禳灾。赣江沿岸广大乡村民间一年一度"元宵唱船""装儿郎""做九皇"等活动十分普遍。其时，于祠堂悬挂所绘"元宵画""九皇图"等，村民们聚集于画前，举行供奉祭祀仪式。随着神灵崇拜的兴盛，宗教、巫术类绘画也日渐盛行起来，以至道士们的绘画作品供不应求，遂有民间人士加入其中，拜道士为师，学习这门艺术，并逐渐将之从单纯的宗教信仰、俗神崇拜、巫术祭祀事项的应用中，扩展到社会、生产、生活的方方面面，广泛地用于节日庆典、

婚丧嫁娶、生子祝寿、升迁营造，以及居家美化装饰等等。

在万安的乡俗年画、戏剧曲艺、灯会、扎纸工艺、服饰等方面也处处可见万安民间绘画的踪影。万安至今残存的一些古祠、古庙、中堂、厢房、老式家具、古器瓶及废弃民居等依稀可见万安民间绘画昔日的辉煌。"万安民间绘画"记录了万安千百年来的发展轨迹，寄寓了当地民众最美好的愿望，具有极高的历史研究价值、学术价值、实用价值及品牌价值。当前，则以万安农民画的形式传承至今，并在全国产生广泛影响。

2017年，"万安民间绘画"被公布为江西省第五批省级非物质文化遗产名录。

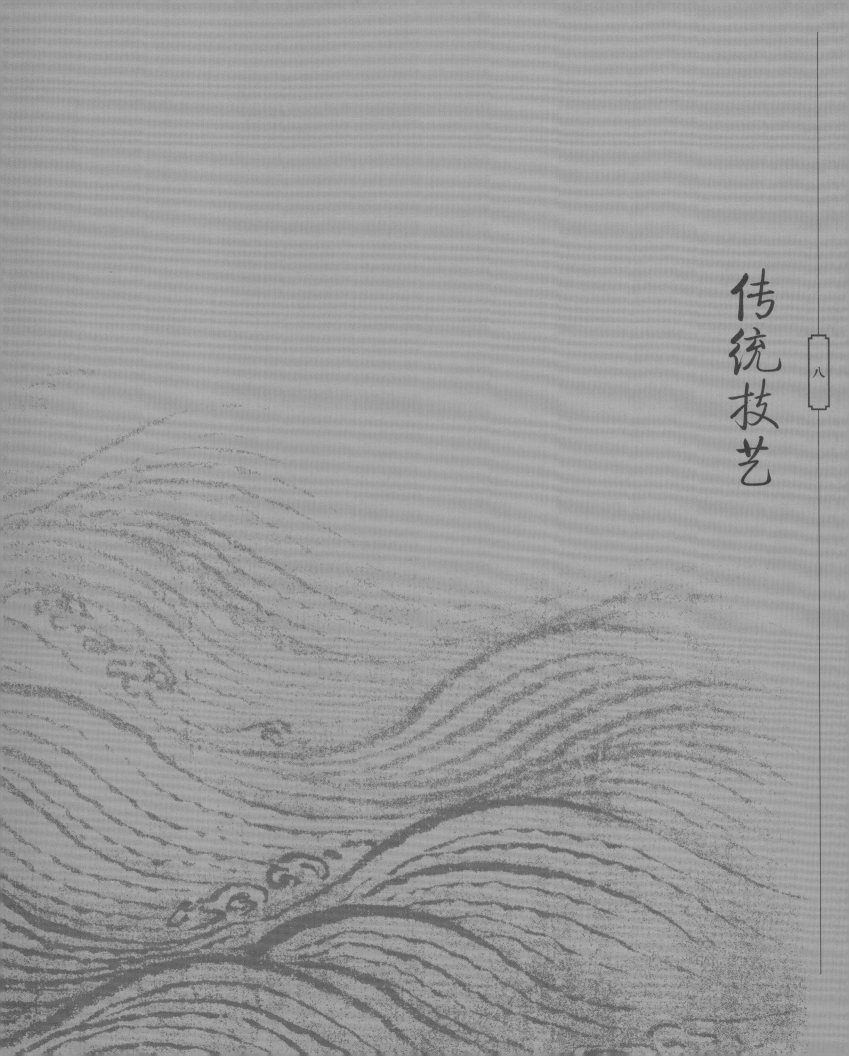

传统技艺

1

# 遂川狗牯脑茶制作工艺

遂川狗牯脑茶素有"望而见莹润生辉，闻而觉清香扑鼻，饮而感甘甜泌腑"的美誉，其制作工艺为全程手工操作，要求十分严格。摊青之后经过杀青、初揉、二青、复揉、整形提毫、炒干等六道主要工序。其成品标准是：条索紧似眉，色泽绿而润，汤色明又亮，滋味醇带甘，清香胜出兰。

狗牯脑茶原产地为江西省遂川县的汤湖镇。因栽种在形似狗头、海拔900余米，山高林密，土质肥沃，雨量充沛，泉水潺潺，终年云雾弥漫，不但日照短，而且多散射光，十分有利于茶树生长和芽叶持嫩，且无任何污染的狗牯脑山而得名，距今已200多年。

　　狗牯脑茶制茶技艺独特，选料精细，工艺考究。原叶仅限于狗牯脑山所栽种的茶树。对采摘时间和采摘技法也有严格要求。即：于每年清明前一星期开采。采摘标准为一芽、一芽一叶初展、一芽一叶开展及部分一芽二叶。采摘时手心向上半握拳，用拇指和食指捏住芽叶，轻轻向上连拔带折摘取，禁用指甲掐采，以免产生红蒂现象。还要求做到不采露水叶、雨天不采叶、晴天的中午不采叶等。采下的芽叶轻轻放入竹篓，然后集中摊放于通风、干燥、清洁、无异物异味、无阳光直射的室内，进行"摊青"和挑选，剔除紫芽叶、单片叶和鱼叶。

　　狗牯脑绿茶以高贵的品质，在国内外享有盛誉。早在 1915 年就荣获过美国旧金山"巴拿马——太平洋国际博览会金奖"；1930 年又获浙赣特产联合展销会甲等奖，如今已成为县域经济的支柱产业之一。

　　2008 年，"遂川狗牯脑茶制作工艺"被公布为江西省第二批省级非物质文化遗产名录。

2

# 安福火腿制作技艺

安福火腿是与金华火腿并称的著名火腿品牌。据《辞海》记载，与金华火腿相比，安福火腿生产制作的历史更为久远。

安福火腿源于先秦祭祀的"胙肉"。安福武功山历来为道教圣地，受故楚巫风影响，乡民常用猪蹄"胙肉"作供品敬献神灵。祭神后，习惯将"胙肉"加盐腌制，挂在灶前熏燎，以备来客之需，这样"胙肉"便成了"火肘"，俗称"烟熏腿"。至今安

福老表仍称"火腿"为"火肘"。

安福四乡腌制火腿的技艺，代代传承，相沿成俗。传统制作技艺主要流传在泸水河和陈山河流域一带，以东乡的枫田，南乡的洲湖、金田，西乡的严田、洋溪，北乡的赤谷等乡镇的制作技艺最负盛名，各具特色。安福火腿制作技艺严谨科学，选料严格，仅选用当地所产的安福米猪，而且对肥瘦大小等有特殊的要求。如枫田盛

产粮食和荒洲野草，是"安福米猪"的主要饲料来源，所产火腿最具传统风味；而赤谷民间有采竹叶、竹枝、茶籽壳熏烤火腿的习俗，因而此地火腿有竹之幽香、茶之清香，为火腿中的珍品。

安福火腿制作工艺复杂，共有 10 余道主要工序，每道工序都有标准严格的操作规程和细则要求，从原料到成品历经 10 多个月。成品品质优良，形如柳叶，腿直爪弯，蹄脚短小，腿身饱满，皮薄肉嫩，表皮呈棕色或橘红色，瘦肉占 75% 以上，切开后，红白相衬,醇香四溢。正所谓色、香、味、形，样样兼备；蒸、煮、炖、炒无所不宜。

明末清初，安福火腿列为宫廷御膳贡品，清代著名诗人袁牧赞誉安福火腿"其香隔户便至，食之甘鲜异常"。1915年，安福火腿参展巴拿马国际博览会，以其独特的"诱人之香，夺席之味"而名噪海内外。

2008 年，"安福火腿制作技艺"被公布为江西省第二批省级非物质文化遗产名录。

3

# 永新和子四珍制作技艺

永新"和子四珍",是永新乡村民间自古以来就深受人们喜爱和欢迎的四种特色风味小吃食品——酱姜、酱萝卜、橙皮(永新当地俗称"陈子皮")、蜜茄,其加工制作技艺大约产生于东汉前期,至今已2000余年。

四种永新民间特色美味之所以冠以"和子"之名,与唐时永新民间杰出女歌手许和子和唐明皇有关。最初,永新酱姜、酱

萝卜、橙皮、蜜茄等被人称为"永新四珍"。到了唐开元年间,许和子因善歌而享盛誉,被唐皇召入宫献艺。许和子平日酷爱品食永新四珍,遂将其带皇宫。永新四珍的美味大受唐玄宗及其皇后、李白等权贵名人的喜爱,唐玄宗将其定为贡品,并特意赐名为"和子四珍"。

"和子四珍"的传统制作有固定的时间,一般每年的初夏时节,是制作的黄金季节,并已相沿成俗。其原料选用嫩生姜、白萝卜、橙子(长至半熟的嫩柚子)、茄子、糯米、蜂蜜、白糖等。

"和子四珍"取材便利,传统制作流程主要有"起酱""主料加工"(酱姜、酱萝卜、橙皮、蜜茄等四种主料)、"配料""晒制""蒸制""收坛""起沙"等七道工,既有果脯类食物的共性,甜而不腻,可直接食用,又有干货酱制保健类食物的特性,可与荤菜蒸、煮、烧、炒吃,具养胃健脾、滋阴补虚的药理功效。

2008年,"永新和子四珍制作技艺"被公布为江西省第二批省级非物质文化遗产名录。

4

# 吉安薄酥饼制作工艺

吉安薄酥饼用料讲究，制作工艺传统，工序严格，流程繁复，产品品质优良，风味独特，是吉安地方传统食品制作技艺中的一朵奇葩。以"香、甜、薄、酥"著称。

相传，元代末年，每逢农历八月十五中秋节，吉州城里的糕点师傅们都会聚集在锦庆堂中的弥公祠，祭祀庐陵糕点鼻祖"弥公"，本地传统手工生产的薄酥饼是主要祭品之一。

薄酥饼制作原料的选择非常考究，必须由老师傅亲自选购精面粉、纯猪油、白糖、白芝麻、花椒、五香粉、香葱、细盐等做原料，饼芯决不能掺面粉。传统手工制作工序流程复杂，从用精面粉揉皮、包上酥芯到制成饼，共要经过20多道工序

流程：洗芝麻、炒芝麻、磨麻、磨糖、磨面粉、蒸面粉、熬猪油、切葱、磨八角粉、磨桂皮粉、磨花椒粉、磨米粉、和皮面、和酥、和芯子、过称、摘皮子、包酥、开皮、包饼、开圈、上面麻、上底麻、成形、摆饼、打孔、烘烤。

成品饼香而不刺、甜而不腻、薄而不虚、酥而不散。数百年来广受欢迎，几乎家喻户晓，人人喜爱。在吉安，中秋祭祀、赏月时奉祭和品尝，早已成为当地人的一种普遍性民风民俗，并历经六七百年久盛不衰。

2008年，"吉安薄酥饼制作工艺"被公布为江西省第二批省级非物质文化遗产名录。

5

# 峡江米粉制作工艺

峡江米粉以洁白细嫩、柔滑爽口、久煮不烟、久炒不碎、余香绵绵的独特食品风格而久负盛名，主要产地在龙下村。

据《峡江严氏族谱》记载：浙江桐庐严氏第二十二世严陶为峡江米粉的创始人，明洪武元年（1368年），陶公的曾孙严日勤移居峡江龙下村，以制米粉为业，600余年来，这一传统手工制作工艺一直在龙下严氏一族以家传或师承方式世代传承，至今仍有12户龙下严氏第三十四世族人承袭祖业，坚持用传统方法生产米粉。

峡江米粉的传统制作工艺有10余道生产工序：选用优质晚米，用龙下村井水（村里的一口专用井）清洗干净，放到陶缸保持温度在20摄氏度左右，经过10天10夜的浸泡，和着水磨成米浆，再用纱布滤

去水分，然后装在竹筛里等第二天清晨起来，制成粉团放到锅里煮至下沉2厘米后捞起，放入石臼中，用特制的木棍进行舂捣，使其成为韧性极强的米馃，放入木榨机榨成粉丝，再经清水浸泡7～10分钟，摊放在竹排上晒到一定程度（开浆2～3次）后晾干，最后用稻秆扎把打包即为成品。

2008年，"峡江米粉制作工艺"被公布为江西省第二批省级非物质文化遗产名录。

6

# 永新红军斗笠制作技艺

永新红军斗笠选用山上自生嫩滑，生篾率高，且结实、耐用的白竹为原料，制作技艺从原材选料到加工成品，要经多道工序，主要的工序有"剖篾""编模""打云刀""贴油纸""夹竹叶""贴字""缠边""打顶"等。

永新南乡斗笠生产始于东汉建安九年（204 年），历史悠久，做工精细，成本低廉，轻便耐用，是久居山乡、勤劳勇敢而又极富创造力的永新南乡一代代斗笠制作工匠们智慧的结晶，是人们用来遮风挡雨的生产、生活用具。

"小小斗笠头上戴，避雨遮风防日晒，千难万险全不怕，彻底打垮反动派"。红色

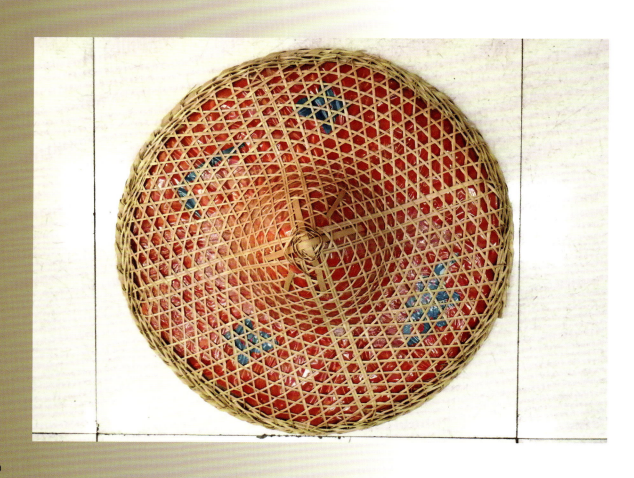

歌谣的传唱，使永新南乡斗笠因支援红军而声名鹊起。1927年，毛泽东带领秋收起义部队进入永新三湾，南乡人民为支援红军，动员了许多编斗笠能手，编织斗笠送给红军战士遮阳避雨。因此，南乡斗笠又被称为"红军斗笠"。它伴随着中国人民的革命事业，走长征，经抗战，迎解放，一直走进了中国革命历史博物馆，成为传承红军精神的活样本。

2008年，"永新红军斗笠制作技艺"被公布为江西省第二批省级非物质文化遗产名录。

7

# 永新牛田草席制作技艺

牛田草席的制作始于明朝中期，历史悠久，制作技艺流传于永新县曲白乡牛田村。传说清乾隆年间纪晓岚来到牛田，验证牛田草席的特色后，便特意带了一床献给乾隆皇帝，皇帝睡后龙颜大悦，下旨牛田村每年必须进贡。

牛田村里山高林密，百源山流出的水和特殊土质滋生的野席草，是编织牛田草席的天然原材料。传统制作牛田草席从选料到成品，整个过程十分讲究，主要有割草、浸草、晒草、剖草、摇麻、上架编织、收边、压头、浸泡、暴晒10道工序。席草收割后须用牛田村的山溪水浸透一周，然后晒干一周，直到席草变白为止。剖席草是一项精密度高的技艺，要做到均匀恰当，不薄不厚。编织时，添草、压草都要力度相等，密度相等，不能用力过大，也不能用力过轻。而晒草和晒席更要掌握火候，不能太久，也不能太短，对日光的掌握要恰到好处，做好的牛田草席柔软舒适，水泼不漏，即便小孩撒尿后只需抹干，依旧散发出天然幽香。

2010年，"永新牛田草席制作技艺"被公布为江西省第三批省级非物质文化遗产名录。

8

# 遂川珊田架花制作技艺

珊田架花为燃放式的焰火礼花，流传于遂川县于田镇珊田村。一般于正月十五元宵节晚燃放，以祈保太平，预兆丰年。

架花，即焰火礼花，其制作流程复杂，工序严格，兼具艺术观赏性和民俗文化内涵。制作架花时，制作者和燃放者须斋戒三天，洁身自净。所谓"架"就是燃放前先在坪场中树木杆一根，名为"定天柱"，然后依次在木杆上横扎七或九层木架。每层置有各种扎花、神形、兽像和彩灯。第一层为"金线吊葫芦"，第二层安装各式彩灯，第三层叫"观音送子"，第四层称"鼠偷葡萄"，第五层重置彩灯，第六层叫"天官赐福"，第七层是"竹筒花"，第八层为"两头灯中间花"，第九层是"冲天珠"，架顶上再安装一把大竹弓。

架花燃放分快引和慢引，慢引需要近2小时，快引只需45分钟左右。燃点用绳子

牵引距架花 10 米以外，绳子上环扣飞鼠，飞鼠点燃后，尾部射出的火焰产生推力，沿绳疾速射向架花第一层装置，同时又将预先安装在架花上的另一只飞鼠自动点燃，并迅速返回原地，造成一只飞鼠一去一回的幻觉。当一层装置点燃后，其余各层依次自动点燃。点燃后架花花苞绽妍，华光四射，只见空中"蝴蝶"追花展翅，"孔雀"朝阳开屏，"凤凰"引颈梳羽，其形栩栩如生，妙俏奇绝。尔后"八仙"亮相，憨态可掬；"飞鼠"蹿跳，妙趣横生；"筒花"怒放，彩焰纷呈；最后引发出"冲天珠"，只见架花顶端火柱冲天而起，并速向四周射出色彩斑斓的奇花异卉，犹如天女散花，蔚为壮观。火柱未熄，又点燃了架顶上的那把大弓，12 支奇火倏然从弓上射出，在天空中绽放出一朵朵炫目耀眼的彩花，美轮美奂，赏心悦目。

　　2010 年，"遂川珊田架花制作技艺"被公布为江西省第三批省级非物质文化遗产名录。

9

# 吉州窑木叶纹黑釉瓷制作技艺

　　木叶纹黑釉瓷制作技艺是古吉州窑独创的传统制瓷技艺，该技艺师法自然而又超越自然，代表了我国古代陶瓷釉面装饰工艺的高超水平，在陶瓷发展史上具有重要的地位。

　　吉州窑历史悠久，工艺独特，工序复杂，其成品形态各异，质朴天成，自古享有"木叶无双""世之神器"之美誉。始烧于晚唐，发展于五代、北宋，兴盛于南宋，元代以后逐渐衰落。吉州窑古遗址位于吉安县永和镇西侧，这里密集分布着尹家岭、曹家岭、萧家岭、曾家岭等 24 个窑包，最大的窑包高达 20 余米，似山岗丘陵。

　　木叶纹黑釉瓷的烧制工艺独具匠心，堪称陶瓷釉面装饰的一大绝技。原料开采及炼制瓷土经采掘、淘洗、沉淀、炼泥等过程，釉灰用石灰石和植物枝叶迭烧炼制，然后水淘，釉浆用釉灰和含有特殊矿物质

成分的陶泥、页岩、风化土等按比例调配而成。坯胎成形后，采用本地原料按最佳配方配制坯釉。施釉方法有蘸釉、荡釉、浇釉、吹釉等。木叶取自天然树叶，根据不同的烧制工艺要求，进行有针对性的采集和特殊处理，然后将处理好的叶片用特殊的方法装饰在釉坯上。细陶或精瓷大多用匣钵盛装入"龙窑"内高温烧制，燃料以松柴为主，对火候的掌握只有经验丰富的窑工才能较好地把握住，即便如此每窑烧制成功的比例还是十分低。烧成后的木叶或呈黄色、褐色、蓝绿色，茎脉清晰，妙趣天成。精品茶盏注入茶水，木叶犹如飘荡在水中一般，若沉若浮。

宋元时期，吉州窑的木叶纹黑釉瓷等产品远销日本、朝鲜以及东南亚等国家和地区，在国际市场上享有极高的声誉，世界各地珍藏的吉州窑"木叶天目盏"古瓷为数极少，藏家都以拥有这种"举世之珍"为荣。元代后吉州窑渐趋衰微，至明代中期断烧。20 世纪 80 年代中期，轻工部陶瓷工业科研所与吉州古陶瓷研究所联合对吉州窑木叶纹黑釉瓷制作技艺进行了技术攻关，终于复烧成功。目前，吉州古陶瓷研究所已经完全掌握了该项传统技艺。

2010 年，"吉州窑木叶纹黑釉瓷制作技艺"被公布为江西省第三批省级非物质文化遗产名录。

10

# 井冈翠绿茶制作技艺

　　井冈翠绿茶生产约有 600 多年的历史，前身是"石姬茶"，制作技艺主要在井冈山桐木岭、茨坪、黄坳、下七等地流传。其制作工艺传统，流程复杂，标准精细，是传统手工制茶的典型之一。

　　石姬茶传说，来自玉帝身旁的小侍女石姬，因其失手打碎玉帝一个玉杯而被贬下凡到井冈山，以种茶制茶为生，石姬制茶经验丰富，技艺精湛，从茶叶采摘到加工成品全部由手工完成，其核心技术一直在桐木岭石氏一族世代传承。清嘉庆皇帝下江南品尝到此茶，大加赞赏，选为贡品并将石姬茶以产地命名为"井冈翠绿茶"。

　　井冈翠绿茶制作起初用的是"蒸青法"，后来改进工艺为"炒青法"。其传统制作技艺主要有"杀青""揉捻""炒坯""烘干"4

道工序，制出的茶外形条索秀丽，色翠嫩绿油润，香气鲜爽持久，味浓醇厚甘甜，汤色清澈明亮，且富含多种维生素，具有极高的营养价值，是我国绿茶系列中的知名品牌。在清嘉庆年间被列为贡品，奉献皇室享用，如今井冈翠绿茶陆续出口美国和东南亚等国家。

2010年，"井冈翠绿茶制作技艺"被公布为江西省第三批省级非物质文化遗产名录。

11

# 井冈山竹编技艺

井冈山竹编技艺起源于宋末元初，至今约七八百年。其时，有先民为躲避战乱，从广东、福建迁徙此地，在长期的生产劳动实践中，经过无数代民间艺人的传承和发展，形成了极富地方特色的竹编手工技艺，主要在茨坪、下七、长坪、黄坳、茅坪、大陇、柏露、东上等地流传。

井冈山地处湘赣交界的罗霄山脉中段，有毛竹、淡竹、方竹、苦竹、墨竹、罗汉竹、观音竹、鹅毛竹、龙鳞竹等 100 多种竹资源，为竹编技艺的传承与发展创造了得天独厚的条件。所有竹编技艺工序全由手工完成，制作的主要工序是：去菀、去梢、刮节、破竹、劈条、去篾黄、取层、拣篾、刮篾、编扎制作成品以及染色（分为编扎之前的篾条染色或成品上色两种技法），工序繁杂，编织精密。

井冈山竹编技艺农家世代相传，老少妇孺皆会，所编的篮罐瓶篓、盘碟箱盒，款式新颖，美观实用；所编的飞鸟走兽、儿童玩具，形神兼备，惟妙惟肖。改革开放后，随着人民生活水平的提高，许多如竹箱、竹柜、竹厨、竹篮、竹热水瓶壳等竹编制品濒临消亡。但民间艺人使用优质的篾丝材料，在继承传统的经纬编织基础上，贯以穿、插、钉、锁、缠、套等多种

技巧，由单一颜色发展为具有红、黑、蓝、黄等彩色工艺，编织箩、筛、笆、盘、灯、扇、碗、盒、杯、盆、瓶等日用品，还设计制作出各式各样的旅游工艺品。如雅拙谐趣的熊猫、憨态可掬的企鹅、展翅开屏的孔雀、怪眼拙睁的猫头鹰等，被誉为"中国竹编艺术珍品"，竹编制品远销日本、美国、加拿大、新加坡、俄罗斯等国家和地区。

2010年，"井冈山竹编技艺"被公布为江西省第三批省级非物质文化遗产名录。

12

# 吉安堆花酒酿造技艺

吉州自古"蒸酿成风",酿酒作坊遍布城中,民间娶亲嫁女都要宴请宾客,"会饮而别"。旧时吉州蒸酿的酒,俗称"谷烧""烧酒",也就是白酒。

"三千进士冠华夏,文章节义堆花香"。堆花酒,相传因民族英雄文天祥赞誉而得名。南宋宝祐初年,青年文天祥在白鹭洲书院求学。一日,他被学友邀去县前街一酒家喝酒。酒保斟酒时,杯中白花层层叠起,醇香四溢。文天祥禁不住连连称赞:"真是好烧酒啊!香气扑鼻,层层堆花!"后来,文天祥领兵抗元,兵败被俘,从广州押往大都途中,船过吉安,家乡父老在赣江边用家乡烧酒生祭他,表达对他的敬仰。为纪念文天祥的大义,吉州酿造的烧酒也就改称为"堆花酒"。

堆花酒的传统酿造的整套工艺流程有：先要用麦麸、面粉、蚕豆粉加水混合配料，按一定的生产规程制出大块酒曲（也称酒药），以早春时制的"桃花曲"为上等。酿酒时，要求以颗粒饱满、齐整，不含糠，无霉变，干燥的优质早稻籼米为主要原料，配上粗糠、醅糟加水混合配料，装入大木甑蒸煮、蒸馏。上甑时，要见气撒料，防止跑气、压气，蒸馏一个半小时后，籼米蒸得熟而不粘，内无生心。蒸馏时细蒸缓馏，掐头去尾，即酒头2斤留作调香，40%以下尾酒不收产，留作下一甑复馏。

蒸料馏酒道法讲究，要求使用砖砌孔明土灶，杉木甑，竹片甑皮；以木柴或谷壳为燃料；拌料、撒料工具为木质、铁质锹；用水采用本地天然泉水及深井水两种。取出基酒后，再将配料出甑，用80摄氏度以下热浆水闷，降温至35摄氏度以下后，加入大曲粉，分渣次入窖池发酵后，又取出分渣次蒸馏，截头去尾取酒。白酒分级贮存约一个月，合理勾兑，再贮存，过滤后，即成清亮透明，醇香寓药香，入口绵甜，回味悠长的堆花酒。

2010年，"吉安堆花酒酿造技艺"被公布为江西省第三批省级非物质文化遗产名录。

13

# 永丰玉扣纸制作技艺

玉扣纸亦称"毛边纸",制作历史悠久,传说自南宋绍兴二十九年(1159年),中村乡梅子坪人巫山兴、巫山发兄弟从福建学会玉扣纸制作技艺后,回乡开办造纸厂,乡民竞相效仿,该技艺始在永丰流传。清末和解放初期是玉扣纸生产最为兴盛的两个时期,其时全乡拥有纸棚100多家。

玉扣纸以当年生笋竹散枝桠(竹麻)做生产原料,按照10道生产工序流程制作。

将砍好的竹麻劈好后,放入池中,一层竹麻一层生石灰,腐沤40天之后,洗净石灰,在坑塘内用清水再浸泡发酵30天。腐沤浸泡后的竹麻,就是造玉扣纸的原料。做好的原料由人工剥去青皮、竹节等,放在"踩跷"上成45度角由人工用脚踩烂。再把捣烂的浆纸和水打浆,然后放入水池、沥干浆,把杂质去掉。把沥干的浆纸放入另一水池再次循环打浆、稀释,用木耙在水池中搅动约

20 分钟，将猕猴桃藤条折成小段，打成捆放入池中，检验纸浆的浓度。在浆水池中，工人用竹帘从池中捞起浆水，浆水在竹帘上形成一层密密湿纸片，再把纸片轻放在木板上，一层又一层。把竹帘前的人叫"做纸"，把尾的叫"扛尾"。这时，玉扣纸就初见雏形，再用特制的手工榨水机，把水压干，然后进入焙房，利用水的蒸气把铁墙烘热后，由人工用镊子把玉扣纸一张一张地揭开，再用毛刷沾上稀释的面粉水涂在铁墙上，小心翼翼地把玉扣纸贴上焙干。焙干后的玉扣纸，光滑、均匀、韧性好、吸水性强、不淡墨、字迹经久不变，用裁纸刀裁成 0.62 米 ×1.6 米的规格，按照每 200 张纸为"一刀"打包成捆，是书写、绘画之佳品。

2010 年，"永丰玉扣纸制作技艺"被公布为江西省第三批省级非物质文化遗产名录。

14

# 井冈山红米酒酿制技艺

井冈山红米酒发源于井冈山客家土法酿造，传承至今。以产于山高水冷、生长期长的独特环境，内含人体所需的21种氨基酸、多种维生素及有益微量元素，营养十分丰富的红米为主要原料，配以井冈清泉，采用传统工艺，在享有"天然氧吧"美誉的井冈山中精酿而成。

井冈山红米酒采取井冈老表传统酿酒工艺酿造，酒体橙红，入口绵甜，回味悠长，营养丰富含有多种微量元素，有活血、健脾、促进新陈代谢、补血养颜、舒筋活络、强身健体和延年益寿的功效，素有红军可乐的美誉，相传当年红军庆祝胜利饮用的就是红米酒。井冈山把红米作为一项旅游特

产来打造，井冈山红米酒在保持红米酒传统特色的基础上，不断改良红米酒的工艺和配方，改进包装，提升产品档次。同时鼓励企业建立红米种植基地，改良红米品质，引进龙头企业采取公司加农户的形式，种植有机红米，开发红米产品，延伸产业链条，提升产品附加值。游客在饱览秀美的井冈山景色之后，还不忘捎点井冈山的红米酒，与家人和亲朋好友共同分享。

2013年，"井冈山红米酒酿制技艺"被公布为江西省第四批省级非物质文化遗产名录。

15

# 永丰陶唐吊丝灯技艺

陶唐吊丝灯制作技艺是永丰县陶唐乡流传150余年的一种民间灯彩制作技艺。该吊丝灯，因采用少女头发丝将灯内各种故事人偶造型等悬吊在灯内支架上，并能灵动旋转供展示或表演并倍受民众喜爱而得名。

陶唐吊丝灯的制作工艺相对复杂，制作者要懂得木刻、泥塑、绘画、装饰等相关技艺，其制作工艺分灯彩制作、人偶制作、组装吊丝灯三部分。最初，陶唐吊丝灯为纯粹的观赏性灯彩，逐渐也发展成既可静态展示观赏，又可持之舞动表演的双重功能灯彩。表演时，陶唐吊丝灯每每和龙灯、狮灯、彩船灯同台起舞，或相伴巡游。巡游时，往往作为农村社火灯会的前导灯（吊丝灯在前，狮灯、龙灯和其他灯彩随后，鱼贯而行）。

吊丝灯能灵活的利用少女的发丝带动悬挂在六角台面里的人偶，能演绎各种各

样不同的传说、典故，人偶形象大都取材于我国的神怪小说、历史传记和古典名著等。民间笃信其具有驱邪祈福功能，并可怡性立德，起到灯台教化等作用，因此倍受推崇和喜爱欢迎。

2013 年，"永丰陶唐吊丝灯技艺"被公布为江西省第四批省级非物质文化遗产名录。

16
# 庐陵传统建筑（鹊巢宫）营造技艺

泰和县马市镇蜀口村崇德堂鹊巢宫的制作流程繁复，工艺考究，堪称一绝。制作前先要进行颇为缜密的规划构图，选材严格，所用木料必须是上等的武功山红心杉木或优质的柏木、樟木。

蜀口村是庐陵八大文化古村之一，建有崇德堂、复亨堂，两座古祠。其中崇德堂的门廊和鹊巢宫的建造雄伟壮观，历经四个朝代，跨越600多年风雨依旧风采依然。古往今来，多少文人墨客、达官贵人为此题诗作赋，赞叹不已，使之名闻遐迩。首先，制作鹊巢宫时必须选两根

高达 9 米的主要柱木，顶端直径不得小于 30 厘米，覆盖的青瓦、瓷瓶均须特制。然后，再由能工巧匠具体分工制作。制作传人负责总体设计、总体安装。再次，各司其职，各负其责。有的承担木架结构的组合，有的负责顶盖及瓷葫芦的制作，有的则专事龙、凤、狮等木雕的雕刻……各门工艺到位之后，统一上架安装。安装的第一步是将两根主要柱木立住，因柱子四面悬空，需操作工 10 多人合力完成。立柱后，从第一个木框结构开始紧扣，一

环接一环，里七层，外七层，层层相接，环环相扣，严丝合缝，浑然一体。远远望去，宛如一个倒扣的硕大鹊巢。其结构之严谨，其工艺之精细，其风格之雄奇，无不令人赞叹。

2013 年，"庐陵传统建筑（鹊巢宫）营造技艺"被公布为江西省第四批省级非物质文化遗产名录。

2014 年，"庐陵传统民居营造技艺"被公布为第四批国家级非物质文化遗产名录。

17

# 吉州窑瓷烧制技艺

吉州窑瓷烧制技艺是中国古代陶工的智慧结晶，是民间艺术的精华，尤其是以木叶纹黑釉盏（又称木叶天目盏）为代表的黑釉瓷，堪称"瓷中瑰宝"。

吉州窑是我国古代江南地区著名的一座综合性民间名窑，属宋代五大名窑之一。

它始烧于唐末，发展于五代、北宋，极盛于南宋，元末逐渐衰落，距今有 1200 余年的历史，特别是"木叶纹黑釉瓷"等系列产品（包括木叶纹黑釉瓷、釉下彩绘瓷、窑变结晶瓷、剪纸贴花瓷等）享有极高的声誉。全世界的博物馆和收藏家都以拥有这种被誉为"举世之珍"的吉州窑瓷而引以为荣。

木叶天目盏是宋代吉州窑黑釉瓷中的佼佼者，也是吉州窑独创的一种陶瓷装饰绝技和制瓷工艺；其他几项技艺也各具不菲的价值。如釉下彩绘瓷，就为后来景德镇名扬海内外的青花彩绘瓷之创烧成功，起到过举足轻重的作用。

由于历史原因，吉州窑陶瓷烧制技艺已失传近 700 年。1984 年 3 月，轻工部科学研究院委托轻工部陶研所，与吉州古陶瓷研究所对吉州窑陶瓷制作工艺进行深入研究，成功复烧木叶纹黑釉瓷（"木叶天目"瓷）。烧制技艺于 1985 年 12 月通过了国家鉴定认可，后来恢复了吉州窑釉下彩绘、窑变结晶、剪纸贴花等几种独特的陶瓷工艺技艺，终使失传数百年之久的吉州窑古老的制瓷技艺得以恢复、继承和发展。其

烧制技艺在中国乃至世界都有很高的声誉和巨大影响，得到国内外许多专家学者的认可和肯定，得到了较为全面、系统的有效保护。

2013年，"吉州窑瓷烧制技艺"被公布为江西省第四批省级非物质文化遗产名录。

2014年，"吉州窑陶瓷烧制技艺"被公布为第四批国家级非物质文化遗产名录。

**刘品三**

男，江西省安义县人，1939年9月生。

1980年，刘品三尝试恢复从元代就已断烧的吉州窑瓷生产。他从吉安古窑址考古发掘的实物基础上，查阅了大量有关文献资料，至1988年，成功烧制出吉州窑黑釉剔花瓷、虎皮纹釉瓷和釉下彩绘瓷。随后，成功烧制出吉州窑木叶纹等陶瓷。刘品三现将吉州窑技艺引入高校人才培养的实践中。在他的推动下，吉州窑产品于2018年8月在日本四地巡展，使之走向世界。

2018年5月，刘品三被公布为国家级非遗项目"吉州窑陶瓷烧制技艺"代表性传承人。

18

# 青原新圩木活字印刷技艺

印刷术是中国古代的四大发明之一，起源于宋初，到明清两代，木活字印刷术已经相当普遍。自古以来，庐陵郡就有修族谱的习惯，以秉承族人的延续性，而在青原区新圩镇山背村，这里修谱还是保持古老的木活字印刷术族谱，于是就有了富水河流域的"青原新圩木活字印刷术"。

新圩文氏谱匠专门从事族谱印刷工作，与毕昇发明的活字印刷术一脉相承。谱匠有"七月不动香"的规矩，接活要选黄道吉日，工匠都要沐浴戒斋一天，出门前，掌稿人带领大家祭拜历代神明和祖师爷毕昇。清道光年间出版的《文山诗集》

和《富田文氏族谱》，就是新圩镇山背村文氏谱匠印刷的，文宗杨的爷爷文克铨和师祖袁庆华就曾参与印刷。

新圩木活字印刷术操作方法主要包括七项：选料、写字和刻字、检字、校对、印刷、装订和祭祀。其中，最关键是刻字、检字和校对。目前，会刻字的只有文宗杨。因木字是反字，很难分辨，所以一般人干不了这活。木字一般是按金木水火土和天干地支等摆放和排列放在一个个字盒里，检字就是从中细心挑出印刷家谱所需要的字粒，放进一个木槽里。有5分和2.5分两种规格，有近10万个，大多是祖辈留下来的。

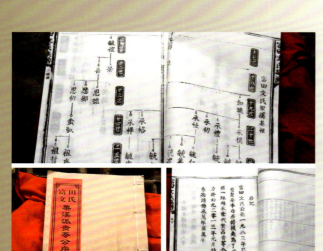

　　因年代久远，无法考证袁姓上代师祖的名字和生卒。文氏谱匠尊袁庆华为第一代授业祖，传到文宗杨父子已有五代，现有传承人7名。

　　2017年，"青原新圩木活字印刷技艺"被公布为江西省第五批省级非物质文化遗产名录。

19

# 泰和蜀口茶制作技艺

泰和县马市镇蜀口洲产茶叶始于唐代，距今 1000 多年。蜀口茶纯手工采摘、制作，其制作工艺分为杀青、揉捻、抄二青、复揉、初干、烘干等多道工序。

传说明成化年间（1465 年），蜀口洲高坪村郭福可侨居龙泉县（遂川县原名）汤湖镇，他将汤湖镇的狗牯脑茶籽带回老家高坪村（今蜀口村），其弟郭在可将它种在宅旁空地和园林沟边。郭仁山、郭义山

的曾祖遂收籽集种在"娘娘园里"。其后，逐年扩种，由田头地角到成片种植，这便是蜀口茶的前身"高坪茶"。

纯手工精制的蜀口茶味香色清，洲人欧阳棠丞系清光绪时拔贡，学问渊博，颇具声望。他在郭仁山家作客曾品饮此茶，赞曰：可称"麝月"。到清末民初，蜀口茶更有发展，总产二三百斤，郭仁山、郭义山和郭兆善、郭裕鉴、郭裕钰等家都种植，尤为仁山、义

山等名气四扬，畅销于吉泰各地。20 世纪 50 年代，泰和县、乡政府大力扶持蜀口茶种植业，由单家到多家，由个体到集体，由小丘到成片，茶农小组扩为茶农社，及至整个蜀口洲，自此高坪茶列名蜀口茶。

2017 年，"泰和蜀口茶制作技艺"被公布为江西省第五批省级非物质文化遗产名录。

传统医药

1

# 胡卓人蕲蛇药酒的制作技艺

　　吉州城内的中药加工炮制历史悠久，早在唐代咸亨元年（670年），城内就有多家药店，能自制膏、丹、丸、散。胡卓人蕲蛇药酒制作工艺源于胡卓人药酒局的老板胡卓人，其药酒局创办于明代末期，至今有400余年历史。其主要产品胡卓人蕲蛇药酒透骨祛风，舒筋活络，是主治风湿麻木、四肢瘫痪、半身不遂、关节酸痛和麻风等病的奇效药酒。

　　祖传胡卓人蕲蛇药酒，在原材料选用和配制工艺上非常严格和讲究。中药材品种繁多，除了蕲蛇，还有熟地黄、当归、枸杞、陈皮、乌药、苍术、肉桂、独活、杜仲、金蝎、川芎、茯苓等59味中药材。这些药材的配比讲究，不同药材的制备方法也各不相同，有蒸制、盐炒制、醋腌制甚至火锻制等，堪称千奇百怪。所有中药材制好后，混合粉碎成粗粉，置陶器内，用50度白酒浸泡，缸口用稻草制成大团蒲外包棉花布套盖好密封，每日搅拌一次，历经月余后，压榨滤渣，澄清，将上清液与滤液合并，兑入红糖，搅拌溶解，静置后再次过滤，方得

成品药酒。

　　在民间，蕲蛇药酒还有一个美丽的传说。传说胡卓人去广东采购药材，投宿岭南一客栈，遇一陈姓女子自荐枕席。胡卓人为人忠厚，问明缘由，知陈姑娘不幸染患麻风病，被父母逼迫出来"放疯"。所谓"放疯"就是将自身所患麻风病毒通过性行为转给对方而自己痊愈的一种民间陋俗。胡卓人同情陈姑娘的境遇，遂承诺回吉州免费为其治病。一年后，陈姑娘毒发，一路乞讨来到吉州。胡卓人将她安置在后院，为她煎汤熬药治疗，然而三年过去，病不见好转，胡卓人焦虑万分却又无可奈何。一次，胡卓人外出采购药材了，所请佣人因害怕传染，对浑身脓疮、又瘦又丑的陈姑娘不闻不问。一天，陈姑娘又饥又渴，便喝了花架下水缸里的脏水，没想到这脏水一喝下去反倒浑身舒服，于是天天都去喝，谁料时间一长，竟然出现奇迹，陈姑娘身上的脓疮渐渐好了，身体也强健了许

多。胡卓人回来，见陈姑娘病态全无，再三询问之下，才得知是喝了后院缸里脏水。原来，这缸中"脏水"是放在花架下"打露"的普通药酒。然而普通药酒怎会有如此神奇功效呢？胡卓人命人将缸里的酒舀干，发现缸底泡着一条蕲蛇。这一发现令胡卓人明白了其中奥妙。于是，他将蕲蛇、金蝎等名贵中药材作主要配方，制成了具有透骨祛风、舒筋活络功能的蕲蛇药酒。

　　2008 年，"胡卓人蕲蛇药酒的制作技艺"被公布为江西省第二批省级非物质文化遗产名录。

2

# 吉州骨伤疗法

吉州骨伤疗法来自梁氏传统中医技艺，其内容包括正骨、治伤、"急救开锁"等三方面。相传已有100多年的历史。是吉州区一项疗效显著、有口皆碑、闻名遐迩的中医治疗技艺。

已故吉州区著名骨伤科医师梁泉来的父亲梁茂秀，是当地一位有名的"打师"，即民间武术高手，又是一位骨伤科医师，

有正骨、治伤、"急救开锁"等多种中医治病技艺。他除了看病外，还兼开了一家保安药店卖中药。从20世纪初起，便开始行医抓药，至今有110多年的历史，在吉安市各县（市、区）很有名气，求药者众。梁泉来出身中医世家，自幼跟随父亲学习中医正骨治伤，深得家传技艺；又拜吉州区、吉安县、吉水县等地的骨伤科前辈医师为师，在60多年临床实践中，摸索、积累了一套独有的、行之有效的正骨、治伤、"急救开锁"技艺后又言传身教给了后人。

吉州骨伤疗法主要采用多种按摩、推拿手法，施术患者伤部正骨复位，再根据不同情况内服丹药、外敷膏散，使内治与外治兼顾，活血与理气双收，达到疏理气机、活血化瘀，使骨伤病痊愈的目的。同时，找准人体相关穴位，以手上功夫"急救开锁"，使患者因此延长抢救时间，得到救治。

2013年，"吉州骨伤疗法"被公布为江西省第四批省级非物质文化遗产名录。

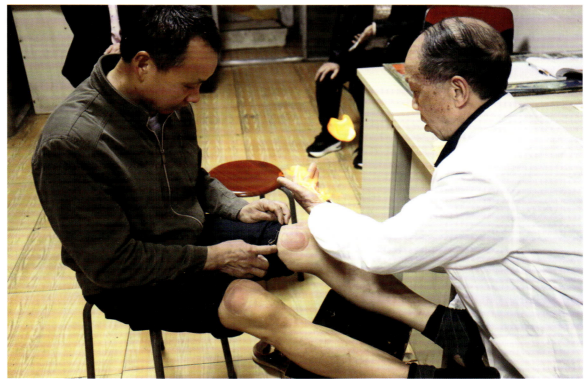

民俗

1

# 安福吃新节

安福吃新节是流传在安福县南乡片洲湖、金田、洋门和甘洛等四个乡镇的一种传统节日。吃新的日期选在"小暑"与"大暑"之间、禾熟待割的前一天。这与少数民族的吃新固定在六月六或八月十五等不同。

安福吃新自古有之，宋以后遍及四乡，明清之际极为盛行。

关于吃新节，在安福民间流传着各种神奇传说。如"花狗盗谷"说的是：很久以前，有一只大花狗上天庭偷了稻种，拯救了天地洪荒中的先民。"五谷神除妖"讲道：从前，武功山上来了一个白雾精，每年夏收前口吐白雾，将农民即将收割的稻谷全给毁掉，是五谷神施法除妖救了百姓。于是，每到禾黄瓜熟时节，人们便举行盛宴，请大花狗或五谷神等来尝新，以表谢意，同时设坛祭拜，表演龙灯、打火把、游田垅、唱山歌、采新谷、打米馃、蒸粉肉、邀请

亲朋好友上门饮酒聚餐尝新等等。热热闹闹尽情狂欢直到深夜，第二天一早，人们便下田挥镰收割，开始了一年当中最辛苦、也是最愉快的劳作。

2008年，"安福吃新节"被公布为江西省第二批省级非物质文化遗产名录。

2

# 吉安敦厚元宵灯会

敦厚元宵灯会是灯彩之乡吉安县的一项大型传统民俗活动，历史悠久、规模宏大、喜庆热烈，集祖先俗神崇拜、民间灯彩、武术表演等于一身，内容丰富多彩、地方特色鲜明。

敦厚村开基祖刘徵，湖北荆州襄阳人，南宋宝祐年间任吉州州判，卸任后定居于此。目前两村总人口逾6000人，同族同宗，分属八大房，为纪念先祖刘邦斩蛇起义、翦灭暴秦的壮举，每年春节、元宵期间，举行盛大的祭祀庆典活动，相沿成敦厚元宵灯会。灯会活动于每年正月十一至十五期间举行，由敦厚村刘氏总祠族长负总责，下设"龙灯会"和"提灯会"，八大房的房长协助参与有关事务。主要内容有祭祀活动、民间灯彩展演、武术表演、灯彩火把大巡游等，包括祭祖、祭庙、敬神、请龙、开光、出灯、送龙；展演有九节布龙、花灯、牌灯、采莲船、蚌壳灯、擎、伞、高跷、鳌鲤虾灯、花篮舞、花棍舞；武术表演有拳、剑、刀、枪、棍、锤、板凳。

正月十一傍晚举行隆重的祭庙、敬神、请龙、开光、出灯仪式。正月十五元宵节，是元宵灯会活动的高潮。庄严隆重的祭祖

仪式后，鸣炮奏乐，响铳十二声。出总祠后，祭庙、敬神、赞礼，然后灯彩、武术队伍依次于两村主要街巷、村道巡游一遍后，聚集于村口，分为四组（每两房一组）出村巡游。村中男女老幼，一一出动，浩浩荡荡四五千人，人人手中一支火把，不能举动火把的幼童，也都手提小巧玲珑、形状各异的灯笼。早年，龙灯、火把还要沿两村刘氏地界巡游"踩地界"，熊熊火光漫山遍野，似条条火龙奔腾翻滚，气势磅礴，蔚为壮观！

2010年，"吉安敦厚元宵灯会"被公布为江西省第三批省级非物质文化遗产名录。

3

# 吉安干麦船

干麦船是江西省吉安县永和镇白沙村传统"端阳庙会"的系列民俗活动项目之一，始于北宋，至今约有八九百年历史。

早年，永和白沙一带以种植麦粮为主，每年农历五月是当地麦收季节，村民们举办"端阳庙会"，开展干麦船祭祀巡游表演活动，一为庆贺端午佳节和麦粮丰收，同时也祭祀当地崇拜的二王公、康王、青王等众多神灵菩萨，保佑来年风调雨顺，麦粮丰收，赣江无水患灾害，江面无溺水事故发生，老百姓能丰衣足食、四季平安、人丁兴旺、福寿延绵等。

干麦船是一条以竹篾、彩纸等扎制、裱糊而成，由每家每户采一束粗壮饱满的麦穗，插于船舷，或置于船舱，以装饰龙船。船首是高昂的龙头，船尾是华丽的龙尾。船上以彩纸等扎制了众多人物，两侧船舷共 12 名桡手，船首立艄公，船尾为艄母和舵手，船的正中是高大威武的屈原和二王菩萨、康王菩萨等纸扎神祇。

　　展演时，由两人抬着干麦船，与众多由村民们扮演的桡手、艄公、艄母、舵手、头香、尾香、龙头、龙尾、旗手、鼓手、螺号手，以及神灵菩萨，在锣鼓唢呐民乐队伴奏乐中，跟随在二王公菩萨神轿之后，浩浩荡荡地巡游。一路上，众桡手持桨，在手持小彩旗的艄公指挥下，模拟划龙舟舞蹈动作，干麦船也配合做出前后俯仰、左右摇摆、侧倾等龙船搏风击浪、艰难航行的动作，且行且舞。进入一些较大的村庄时，还要举行"打灵""进祠""祭神""塞巷""花楼""上（下）转江""唱龙船"等传统仪式或表演。

　　干麦船活动在每年农历五月初五至初七，庙会期间，方圆百里成千上万的群众前来赶庙会，观看干麦船、龙舟赛和每晚古戏台的大班戏等，热闹非凡！

　　2010年，"吉安干麦船"被公布为江西省第三批省级非物质文化遗产名录。

4

# 青原渼陂彩擎

渼陂彩擎活动是青原区的代表性民俗活动之一，历史悠久，活动仪程复杂，民俗内涵丰富。

明清时期，渼陂彩擎活动便由家盈万金的渼陂梁氏人倡导兴起。早期的渼陂彩擎是一种结构简单，由一个高约3米的木架，绑坐在擎架上的小孩人数为3人，由4个壮汉扛抬并控制擎的平衡与转向而巡游展示表演。后由梁氏族人进行改装，升高到4米，制作工艺也相应复杂，柱壁上刻写有"忠、孝"等字，高高的擎架上用靠垫类物体绑坐7或8个小孩，抬擎的多

达 10 余人。辇架由专人控制转向和平衡，在水平面的道具上按顺时针旋转，旋转过程中伴有形式多样的表演，装扮成《西游记》《西厢记》《红楼梦》《三国演义》等戏曲人物，表演过程惟妙惟肖。

每年上元宵节（正月十五）、下元宵节（正月三十）、农历二月初一、八月十五，渼陂村都会举行彩擎民俗活动。活动由当任族长牵头，各堂分工负责。道具、服装、乐器等由各堂准备与保管。装彩擎前先从梁氏宗祠"永慕堂"里请出大神，由若干名五六岁左右的小男孩洗浴后盛装跪拜，然后才能完成装辇的工作。出游时有彩旗、万民伞等开路，配民间吹打乐穿街过巷，场面壮观。

2010 年，"青原渼陂彩擎"被公布为江西省第三批省级非物质文化遗产名录。

2021 年，"抬阁（渼陂彩擎）"被公布为第五批国家级非物质文化遗产名录。

# 青原喊船

喊船是流传在青原区富水河一带古老的民俗活动,始于南宋宝祐六年(1258年),至今约750余年。由民间自发组织,目的是驱邪保平安。表演程式复杂,表演气势雄浑,民俗内涵丰富,地方特色浓郁。

相传喊船源于道教,传闻在江西凡是张天师足迹所到之处都有喊船活动。因为各地的风情习俗不同,喊船活动的规模大小、仪式内容等也不大相同,一般视人口、财力情况而定。但基本上都是正月初一接神,正月十六或二月初二送神。

青原区富水河一带的喊船活动一般自腊月二十四开始,至正月十六甚至二月初二结束,持续一个多月。其中,尤以中国历史文化名村富田镇陂下村的喊船习俗历史悠久,神秘隆重。喊船活动

每年除夕上午请神，大年初一夜开始喊船，村中以房族为单位，推荐或指派喊船人员每晚轮流值班，并负责在吉先祠内装香点灯敬神等。喊船名为喊，实则唱，有号谱，有唱词，有锣、鼓、钹、镲、唢呐、二胡等乐器伴奏，由一人领唱，众人附和，男女老幼喊一阵，歇一阵，直至三更过后，夜宵完毕散场。每晚必喊，闹到正月三十下元宵。

二月初二为送神日。上午9时族人齐聚胡氏总祠敦仁堂，列队、依序围着院中篝火转三圈。三声神铳响后，鞭爆齐鸣，掌香敬神的长者双手端着供盘，庄重而虔诚地向祠堂门前的菩萨献上供品揖拜。敬奏祖宗神明后，喊船队伍唱起喊船歌："哎啊——禳灾祈福保平安……"大家唱一段，锣镲应一阵，三段三阵后，龙舟启动，一帮扛着木雕龙舟的船工，叫着号子"咳呵…咳呵…"，像划船般跨步前行。船头有神采奕奕的导航将军，船内装有木雕将神，有专管神船的儿郎神，有专管境土的米谷神，有雷公雷母的大神画等。十八般武器的銮驾护卫，龙灯、仙姑女、渔翁、蚌壳精相随，一众人马，举着彩旗，敲锣打鼓，吹响喇叭，绕村周游，交响成一曲新春佳节祈福保平安的大合唱。

喊船队伍绕村一周后回到村后财神古庙前大广场，进行神将武功大表演。表演完毕，人们扛着纸折龙头、龙尾、纸船等，至村头江边，焚香燃炮，唱着喊船歌，将各路菩萨送入大江，整个喊船活动结束。

2010年，"青原喊船"被公布为江西省第三批省级非物质文化遗产名录。

# 安福垇云火把节

安福县彭坊乡垇云村的火把节习俗，历史悠久，蕴涵了安福县南乡片汉民族聚居地的生活习俗、祭祀习俗，其节庆仪程繁复、民俗内涵丰富，是当地一年中仅次于春节的重要节日，至今历经九代约170余年。

据考证，清道光、咸丰年间，钟、蓝二姓分别由广东、湖南迁居垇云，同时彭坊的周姓为躲避战乱也迁入垇云山中。

钟、蓝二姓原为畲民，他们将火把节习俗引进了安福，并很快被当地汉族群众所效仿，最终成为整个垇云的共有项目，钟、蓝二姓也被同化、融合，成为汉族人，故人们将火把节视为垇云村的一项汉族传统民俗。

垇云火把节于每年六月初六举行。当日，家家户户宰杀鸡公，制作祭祀法器、备好三牲等祭品，相邀山下亲朋好友来山

里同乐。白天，他们于自家田里燃香鸣炮献三牲，祭拜山神、土地，并点起火把伸向田埂，四下里燎虫，同时唱起一支古老的燎虫歌。晚饭后，全村男女老少敲锣打鼓聚集在坳云山包公庙前大坪上，燃起熊熊篝火，隆重祭拜火神（祝融）、土地、山神、树神等，祈求神灵驱魔消灾，保佑来年风调雨顺，五谷丰登。期间，他们还吹吹打打、载歌载舞，打着火把游垅，围着篝火唱山歌。所有仪式结束，全村男女老少还要久久围坐或站立在篝火旁，默默祈祷诸神保佑。

2010 年，"安福坳云火把节"被公布为江西省第三批省级非物质文化遗产名录。

# 吉安（安福）中秋烧塔

吉安（安福）中秋烧塔始于明末清初，至今 300 余年，除常见的汉民族中秋佳节的传统习俗烧塔外，还有祭月、耍龙灯、对山歌、唱小调等仪程，民俗内涵丰富，节日氛围浓厚，别具一格。

相传元朝末年，有一穷书生，每天写三张字条，上书"八月八，烧宝塔，杀家鞑"，发泄对元朝统治者的愤恨。不知不觉十年寒窗中，写下的字条装满一大箱。某天先生拿起字条一看，吓得魂飞魄散，急令书生将字条烧毁。书生无奈将字条倒在地上，准备点燃，突然一阵狂风将字条吹得无影无踪，吹散的字条四处飘飞。农民起义领袖朱元璋一举推翻了元朝统治，建立了明朝。为了纪念，民间将八月八烧宝塔，改在八月十五中秋节晚上祭月烧塔，寓意就是赶走瘟神，迎来太平。柘溪村刘氏先祖明末清初时在外做官，带回此俗，在安福四乡传延。至今

安福南乡片陈山河流域一带的寮塘、甘洛、洲湖、金田、洋门、彭坊等六个乡镇，仍完整保留着中秋烧塔的习俗及程式。

八月十五这天，家家户户早早起床，杀鸡鸭，买猪肉、牛肉、月饼，做米果，准备节日盛宴。老人和孩子们在村中拣拾

残砖断瓦、搬土砖、垒宝塔。入夜，全村的男女老少，聚集在村中的大坪上，每户自带一捆稻草或柴火，主烧人还要备上一壶老酸酒（醋）或米汤。月上中天，村民们摆上柚子、月饼、点好香烛，鸣放鞭炮祭月。预先挑选四名青年撑持彩色黄龙旗（清朝咸丰年间所制，保存至今），表示一年四季；挑选六名男女儿童撑持方形宫灯四盏、碗形宫灯二盏，上写"风调雨顺""五谷丰登""国泰民安""太平盛世"等字样，表示六六大顺；挑选十名耍龙灯师，打耍九节布龙，表示十全十美。随着三声锣鼓响起，鞭炮齐鸣，烧塔

开始。四个青年打着黄龙彩旗引路，六个少年撑着宫灯随后，龙灯队、秧歌队、山歌队等依次随行，绕着宝塔边舞边唱边跳，熊熊大火让整座宝塔吐出火舌，红透了半边天，浇上酸酒或米汤，火势更旺。村民们唱着小调、山歌庆贺丰收好年景，祝福生活红火平安，直闹到深更半夜，才尽兴而归。

2010年，"安福中秋烧塔"被公布为江西省第三批省级非物质文化遗产名录。

2014年，"吉安中秋烧塔习俗"被公布为第四批国家级非物质文化遗产名录。

8

# 青原东固二月二庙会

东固二月二庙会集中体现了民间各种宗教活动、民间技艺、民俗民风，形成了山区盛大的集市贸易物质交流日，工艺品、农副产品，土特产品琳琅满目，每年赶集人数达三四万人之众，影响深远而广大，迄今已传承230余年。

早年间，东固的庙会是在春节、元宵期间举行。这天，东固西城的钟、刘两大家族，家家都贴好彩绘龙舟画像，安好神位，天天虔诚迎神、禳神（供神），祈祷当年风调雨顺、五谷丰登、人丁兴旺。正月十六日为送神日，两姓人家敲锣打鼓，燃香插烛，荤素齐备，喜炮长鸣，把早已扎好的彩旗、彩船、凉伞和神像送到江边火化，将火化的灰烬，装进船里，推移至江面，让它顺流而下。这叫"送神回洛阳"，意为大神将瘟神恶鬼、灾难疾病等都押回洛阳去了。由于河岸窄，容不下许多人，若哪一姓先送，另一姓便不容分说地将灰烬倒入先去的船里，叫"搭船"，意即占便宜，压倒对方，祈福于己等意思。对方自然是坚决不同意，双方于是发生口角，甚至引发宗族械斗，影响了钟、刘两姓的和睦团结。

为了避免争执，刘姓决定错开正月十六日，这天不送神，改为禳神，将送神日定在每年的二月初二。刘氏的这一改变，产生了极其深远的影响，很快便形成了声势浩大的东固二月二庙会民俗。

刘氏二月二庙会活动内容丰富，主要有游神、送神、求雨和"忏皇"的九皇会等。届时，道士祷告祝神、一台彩擎、神旗手开路、草龙、彩绘龙舟图、纸扎彩旗、两座牙轿抬家神菩萨、锣鼓乐队、60岁以上的老者前辈，压阵是39面铜锣，送神途中高喊"龙者水、龙者船、龙者齐呼保平安"。送完神再看戏，欣赏民间纸扎技艺，引得观众如堵，客商云集。久而久之，广东、福建、广西、湖南、湖北、云南、贵州、江苏、浙江等十几省的人都来看热闹兼做买卖。这样一来，二月二就成了东固的传统庙会。

东固小吃是庙会上一道靓丽的风景，各种小吃琳琅满目，遍布街道的每个角落，飘香于街头巷尾乡间间。最负盛名，且做法简单的小吃，如油煎大薯包、毛栗、黄黏米果、白米米果、茄子煲、南瓜煲、芋下丝、搞浆米果、霉豆渣、箬叶米果、麻琪等。

家家喝擂茶也是东固二月二庙会的传统习俗。擂茶是东固畲乡最具特色的茶文化，其制作工艺独特，吃法多样，有青年男女确定恋爱关系吃的"新人擂茶"，结婚吃的"结婚擂茶"，新婚第三天则要吃"三朝擂茶"，建房要吃"上梁擂茶"，做寿要吃"长寿擂茶"，外地客商以能吃到东固擂茶为傲，为庙会增添了神秘色彩。

2013年，"青原东固二月二庙会"被公布为江西省第四批省级非物质文化遗产名录。

9

# 万安元宵唱船

　　万安县的元宵唱船活动起源于东汉，盛于宋元明清，也是该县客家人寻根问祖、祭神祭祖、祈福消灾的一种民间自发组织开展的民俗活动。活动每年正月初一开始，至正月十六结束。

　　其习俗前后包括迎船、唱船、送船三部分。正月初一开始迎船，村民先将"所画神舟"（当地人称元宵画）悬挂在庙堂或祠堂，将菩萨像请至画前就位后，村民带着祭祀物品到河边焚香诵文，鸣爆奏乐——迎船神。随后，村民按大旗、执示、锣鼓、菩萨、灯彩、爆竹等顺序护送船神到各坊庙、各村庄，赐福消灾。唱船包括叩神、唱船、赞船、划船等，是整个活动的高潮部分，分白天和晚上两个时段。白天为叩神、表演；晚上则是唱船、赞船、划船，至正月十六

日送船，活动结束。

　　"文革"期间，该活动一度中止 10 余年，80 年代又慢慢恢复起来。近年来，当地人经文化部门帮助指导，活动越办越红火，影响力也逐渐上升，参与人数也逐年增长，平均每年参与群众达 10 多万人次。

　　2013 年，"万安元宵唱船"被公布为江西省第四批省级非物质文化遗产名录。

10

# 遂川龙泉码测树

"龙泉码"发源地位于遂川县五斗江乡五斗江村，是明朝崇祯年间由当时为官南京居家守孝的郭维经父女，根据当地木材交易中常用的"估堆""秤称""定尺寸、定重量、定价格"等办法总结探索创新的一种科学简便的木材材积计算公式，因深受林农和木材商人的欢迎而流通于全国各地，到 1954 年国家代用公制检尺止，已有 300 余年历史。亦为世界上最早的原木材积表，比国际公认"柯达山毛榉材积表"要早近 200 年。

"龙泉码"的基本内容由七部分组成：

1. 围量。它是围尺从杉条木的莞部起五尺五寸过四指处（此处是木材积最有代表性的部位），围量圆周，以得出其木材材积的数据。

2. 材质标准。杉木自八寸以上的为正木（规格材），不足八寸的为"花校"，花

校不计码分，按根计价，杉筒（原木）六尺为"脚木"。按码价大小分为六个码价等级，其鉴别木材长度，以有蔸有梢为标准，若有蔸无梢或有梢无蔸，则不分长短均按脚木计算。

3. 木材缺陷及其处理办法。在木材围量时，围量部位遇空篼破烂、尖短、弯皂、水眼等缺陷，视实际情况酌情除尺。

4. 计算及码分。计位数是两，十分为一钱，十钱为一两。

5. "转贯"。按木材大小及其使用价值进行"转贯"，其具体办法是：八寸至一尺，每加大一寸而"转贯"进位五厘；一尺二寸进位一分；一尺三至一尺五寸进位一分五厘；

一尺六至一尺八寸进位三分；一尺九至二尺五寸进位五分；二尺六至三尺进位一钱；三尺一至三尺五寸进位二钱；三尺六至四尺进位四钱；四尺一致四尺五寸进位八钱，四尺六至五尺进位一两六钱；五尺以上木材以此类推逢一至五，六至十加翻进位。

6. 按木材优劣划分三等九级，称为"品色""庄口"。

7. 码印及打法。木材成交后，买方都会在木材围量以下部位打上刻有所属商号的码印，又叫"斧印"。

2013年，"遂川龙泉码测树"被公布为江西省第四批省级非物质文化遗产名录。

11

# 泰和王家坊迎神赛会

王家坊祭祀活动起源于元朝，至今已有600多年的历史，是为纪念元朝将领张甫德（元朝都尉）先烈以及部下为民所想、与民同乐而举行的七月十五祭拜活动。

王家坊地处泰和县螺溪镇西北部，是古时吉安县天河、永阳一带经商水运出赣江的必经之地，来往人口频繁，也是时常有强盗、小偷出没的地方，致当时百姓生活民不聊生。宋末元初，朝廷派来将领张

甫德一行，驻所在王家坊一带维护治安。他们到任后安抚百姓，体恤民情，带领群众拦河治水，扩充粮田，每年端午他们都要亲自到田间查看禾苗长势，指导如何防治虫害和瘟疫，为加强村里治安，他们夜巡从未间断。王家坊村庄河边的一片种植洲地是靠渡排过河，涨水时常有淹死人的事情发生，张甫德带领部下和百姓一起到山上砍松树拦河截水，直接把水引入禾水

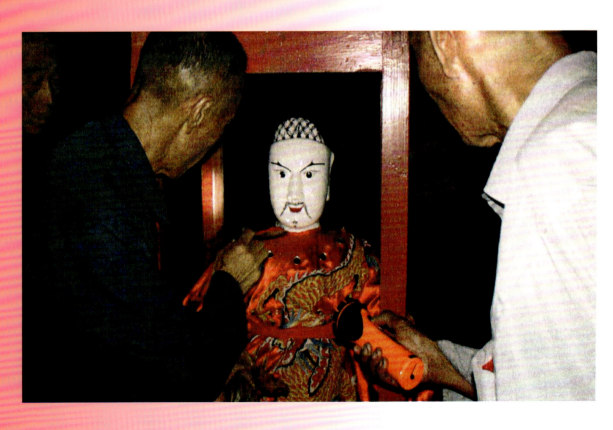

河，让堤坝变成上洲的路，堤坝下就扩充成了粮田，从而使得百姓们丰收，人身安全，六畜兴旺了，日久天长，张甫德将军及部下与百姓相处得非常融洽，深受百姓们的爱戴和敬重，王家坊七月十五祭祀中的宴请习俗便由此而来。

后来，朝廷征调张甫德率部赴前线作战，临行时与依依惜别的王家坊父老相约：凯旋后再返王家坊；如果战死沙场，魂魄也必定回归，继续充当王家坊的守护神。当年端午前后，村人等来了张将军等一封血书，上书"吾等归矣"。乡亲们知其已殉国，魂魄如约回归，不免悲痛万分。不日，村前禾河冲来一段樟木，盘旋不去，村人将之捞上，做成张将军和他的两位部下之雕像，并在拦河筑坝的地方建庙，连同血书一同供奉起来，每年七月十五朝拜一次，从不间断，后来雕像和血书不幸烧毁，村民们又重塑雕像供奉。

2013 年，"泰和王家坊迎神赛会"被公布为江西省第四批省级非物质文化遗产名录。

# 安福表嫂茶习俗

"表嫂茶",自清乾隆年间,以洲湖镇塘边村最为盛行。在安福县南乡片的寮塘、甘洛、洲湖、金田、洋门、彭坊及西乡片的洋溪等乡镇,也世代相传,相沿成习。

安福人爱喝茶,尤其是南乡的妇女们嗜茶,喝茶名目很多,如妇女怀孕吃"好事茶",小孩出生要喝"毛毛茶",孩子满周岁喝"周岁茶",当了婆婆要喝"三代茶",女子出嫁时喝"嫁娘茶",孩子读书要喝"发蒙茶""升学茶",做寿要喝"祝寿茶"……表嫂茶从元宵节开始到春播时节,是婆婆妈妈大嫂们喝茶的日子,未出嫁的姑娘没资格参加,男客们更不能沾边。吃茶一般

以自然村为主,吃过早饭后,从村头的第一家开始,每天轮流喝一家,一直喝到村尾最后一家"洗碗茶",才算收场。

请茶的头天晚上,由请茶的家庭主妇上门到各家邀请,还将收拢的茶盏,用各色毛线、布条做好记号,以免拿错茶盏。请茶这天,主妇在家抹桌擦凳,打扫厅堂,刷洗锅、鼎,架火烧水、准备茶点、沏茶。喝茶时,女主人要用自制的上等土茶或者珍藏的好茶,还有佐茶的黄条萝卜(胡萝卜)、盐油爆炒的青皮豆、咸姜、甜姜、玉兰片、炸薯片、腌香椿、橙皮干以及香蕉、橘子等食品小吃。每只茶盏中还放一根五寸长左右的

竹签，便于表嫂们扒搅茶点享用。

喝"表嫂茶"不讲究什么规矩和形式，因为来的女人、小孩多，不可能全部摆好高桌矮凳，无论是厅堂灶前，内室庭院，只要有坐的地方就行。大家谈笑风生，凡衣食住行、娶亲嫁女、柴米油盐、穿衣吃饭、子女婆媳、升学就业、耕种饲养等等，海阔天空，无所不谈。平日里的邻里纠纷，磕磕碰碰，哪怕红过脸、吵过架，此刻也尽释前嫌，化为乌有。在欢乐的气氛影响下，会唱歌的表嫂会亮起嗓子打山歌，一旁的表嫂们会敲着茶盏盖或用小篾棒击打茶盏沿伴奏，跟着唱和，如此这般直至中午，这群喝得口香肚饱的表嫂们，才起坐道谢，尽兴而去……

2013 年，"安福表嫂茶习俗"被公布为江西省第四批省级非物质文化遗产名录。

13

# 峡江擎香龙习俗

峡江县湖洲中秋擎香龙习俗又称舞草龙，自宋代以来一直延传至今，为湖洲村特有的传统民间习俗。其龙头、龙尾、龙身用稻秆扎制，龙头由几组粗稻绳盘结合成，不用点缀其他装饰，龙尾由两组稻穗秆分叉组合，龙身由稻秆结绳连贯而成，晚上舞龙时在龙身斜插香烛点燃挥舞，在夜空中火龙逶迤盘旋，蔚为壮观。

在古代，舞香龙最早为求雨仪式，后逐渐发展为八月十五庆团圆，贺丰收，祈求幸福美满的群众性娱乐活动。在湖洲，中秋擎香龙的习俗来自于一个传说，据传南宋时，明月山有眼龙泉，泉水被一条修炼千年的蛇精吞了，它只要一呼气村里必遭水灾，一吸气旱灾就来临，村民们生活十分困难。而在村东北大山里住着一条青龙，看到此情此景，便摇身一变化作一个后生，带领村民一起打败蛇精，让村民们过上安稳的日子，后来村民为了纪念这条青龙，每年八月十五都要舞香龙。

　　舞香龙当日，村民们把收割晒干的稻草拿到宗祠，搓成粗大绳索扎成龙首、龙身和龙尾，形同长龙。傍晚时分，当族长一声令下，村民们一拥而上点燃草龙身上的香火，在一阵紧一阵的锣鼓声中舞动满身是香火的草龙，香龙上下翻滚，在月光的照映下熠熠闪光，十分壮观。当草龙舞到哪家门口，主人都会为香龙插香，燃放鞭炮，以求平安。直到夜深人静之时，完成使命的草龙被送入沂江河中，让它回到"龙潭"老家，来年降雨降福，护佑一方。

　　2017年，"峡江擎香龙习俗"被公布为江西省第五批省级非物质文化遗产名录。

14

# 吉州钓源祭祖习俗

　　钓源祭祖一类是正月初一祭祖、正月初八会家族等宗族公共活动；另一类是小孩发蒙开训、婚嫁等家庭或个体祭祖；还有一类是传统节日，如清明、冬至给先祖扫墓挂纸，中元节为祖灵烧包、挂衣和时令节日的敬祖等。

　　正月初一祭祖是欧阳氏首要大事，当天上午，族人齐聚总祠，由总族长出任主祭之职。渭溪、庄山两个自然村的礼、仁二派分族长担任从祭。设司仪一名，执事两人。祭祖开始时，献上三牲、水果、香

烛。擂鼓、鸣金、发号各三声，奏大乐，称之为"升爆"。全体成年男丁按辈分和年龄依次站位，年龄最长者立于本辈前方正中。然后请出族谱，主祭就位并率众上香、敬酒、参神、鞠躬四拜，在历代祖先神位前高声祝赞词后，依次祭祀始祖欧阳万公和钓源开基祖欧阳弘公，开唱《告祖文》，最后，主祭恭送神位回归原位，至此祭祖礼成。

　　正月初八迁居各地的族亲回村祭祖，俗称"会家族"。当天，村民敲锣打鼓放鞭炮，

舞龙灯，于村口牌坊喜迎外来宗亲。各分迁村的族长率领本村族人和龙灯，来到欧阳氏祠前空地，会同钓源龙灯，轮番起舞，而后同入总祠，向祖宗牌位供奉三牲、焚香燃烛、祭拜先祖后，再前往开基祖弘公墓前祭拜及依次到渭溪、庄山两个自然村，祭拜仁、礼房派祖先，入分祠叩拜。除春节祭祖，其他如元宵、端午、中秋，春夏秋冬时令节气，清明冬至挂纸，中元烧包挂衣，宗族建祠修谱，族人亡故上灯、安放神主牌位，孩童发蒙，婚嫁寿诞，造房上梁，入学升迁等，都要行祭祖大礼。

钓源祭祖习俗，传承了中华民族尊祖敬宗、慎终追远、知恩报恩的优秀传统，寄寓了他们祈求祖灵佑护、追求向往平安幸福生活的意愿，对强化族人认祖归宗的观念，增强乡村社会的凝聚力和村民的文化认同感，激励后代见贤思齐、修身律己、孝长尊亲，具有历史和现实意义。

2017 年，"吉州钓源祭祖习俗"被公布为江西省第五批省级非物质文化遗产名录。

15

# 万安儿郎灯会

万安儿郎灯会，流传于万安县芙蓉镇芙蓉村。始于唐宋，盛于明清，民国时登峰造极，达到鼎盛。

清同治《万安县志·风俗》载曰："元宵……自十三日起，有所谓'装船'，穿袍靴、戴神头面流行，各庙划船三次，极热闹。而尤莫盛于城内之儿郎灯，每一神护灯鼓吹者辄数十人，食用素，必斋戒，以祈神祐……既望，城东伏虎庙以康王神头面装载，坐虎皮轿；以赖爷神头面装载，跨马，手执弓弹出游；又装龙船，疾趋前导，经过之处，香花满路，亦曰'收摄'。"

万安儿郎灯会源于一个古老传说。说是很久很久以前的某年，赣水暴涨，上游冲下一只木箱，芙蓉村刘氏族人将其捞起，打开一看，里面装着八副儿郎神面具，或

俊朗神武，或威严肃穆，有的还狰狞恐怖。族人将之供于神龛，日日焚香祈祷，初一、十五三牲供奉。自此，刘氏家族如有神助，万事如意，财运亨通，迅速兴旺发达起来，于是在南门坛上建起"儿郎庙"。八位儿郎面具虔诚供奉其中，除日日享受信众们的香火外，还在每年正月十五举行盛大的"儿郎灯会"祭祀活动，恳请儿郎神保佑来年风调雨顺、人畜平安、生意兴隆，保佑赣江十八险滩风平浪静、平安顺遂。

万安儿郎灯会属于世俗化的道教信仰。八位儿郎各司其职。其中老大和最小的分别为总管、白脸，其余六位各主"文""武""粮""医""财""商"。东汉以来，我国佛、道二教长期并存。为争取信众，各种教派活动纷纷兴起。在驱邪赐福、弘扬教义的同时，融入不少娱神、媚众的娱乐性庆典表演，深受民众欢迎，善男信女趋之若鹜，凡夫俗子随喜添趣。随着时间的推移，不少活动渐趋世俗化，衍变为时间、地点相对固定，内容、仪式丰富完整，充满神秘色彩和地域特色的民间俗神信仰习俗。

万安儿郎灯会形式独特。主要有拜坛（俗称请儿郎神）、出坛（儿郎神巡游）、收坛（又称收摄、送儿郎神）等三大仪程。正月十五早饭后于县城观澜门赣江边上"拜坛"。设神坛，摆三牲，主祭念告文，恭请天神、地神、水神、方圆之神以及各路神灵出坛，驱邪赐福。然后"出坛"。一人扮作康王，领先开路。八位事前精心挑选、抓阄排序的少年，头戴儿郎神面具，着武士箭衣，执剑持戟，骑高头大马，由宫灯、护卫簇拥，沿县城主要街巷，按一定路线浩荡巡游。各类民间艺术表演项目，如抬故事（又称"彩擎"）、打灯（舞龙灯、狮灯、鳌鲤虾灯、花灯等）、摇花船、蚌壳灯、跳花篮、舞花棍、踩高跷等紧随其后。每至繁华地段，都要驻足停留，隆重祭祀，尽兴表演。沿途民宅、商铺纷纷张灯结彩，大开门户，爆竹迎送。至下半夜，

改由八位成年人扮作儿郎神，继续巡行，并增加焰火表演和拜庙、祭祀等仪式。直至雄鸡啼鸣、东方破晓，巡游方告一段落。正月十六日早餐后，队伍来到赣江之滨"收坛"。由一位神射手扮作"赖爷神"，跃马狂奔而来。主祭将一彩球高高抛起，赖爷神弯弓搭箭，"嗖"的一声，将其射入江中。众人一拥而上，将篾扎纸糊的祭品和从那些表演道具上撕下的鳞片等，焚于坛位，抛入江中，寓意一切不幸都随水而去。此时，主祭高声赞道："在天者归天，在地者归地，在水者归水，在坛者归坛，诸

位神灵各就各位。"最后，人们将儿郎面具装箱，送回儿郎庙，一一回归神位，全部活动至此圆满结束。

　　每年的儿郎灯会不仅全体村民踊跃参与，而且深深吸引着整个县城以及周边乡村甚至一些边远山区的民众。人们成群结队，扶老携幼，争相观灯。活动期间，整个县城万人空巷，一片沸腾，一派喜庆、祥和、热烈气氛。

　　2017年，"万安儿郎灯会"被公布为江西省第五批省级非物质文化遗产名录。